50 Mandalas

Malbuch für Erwachsene

Dieses Buch gehört

....

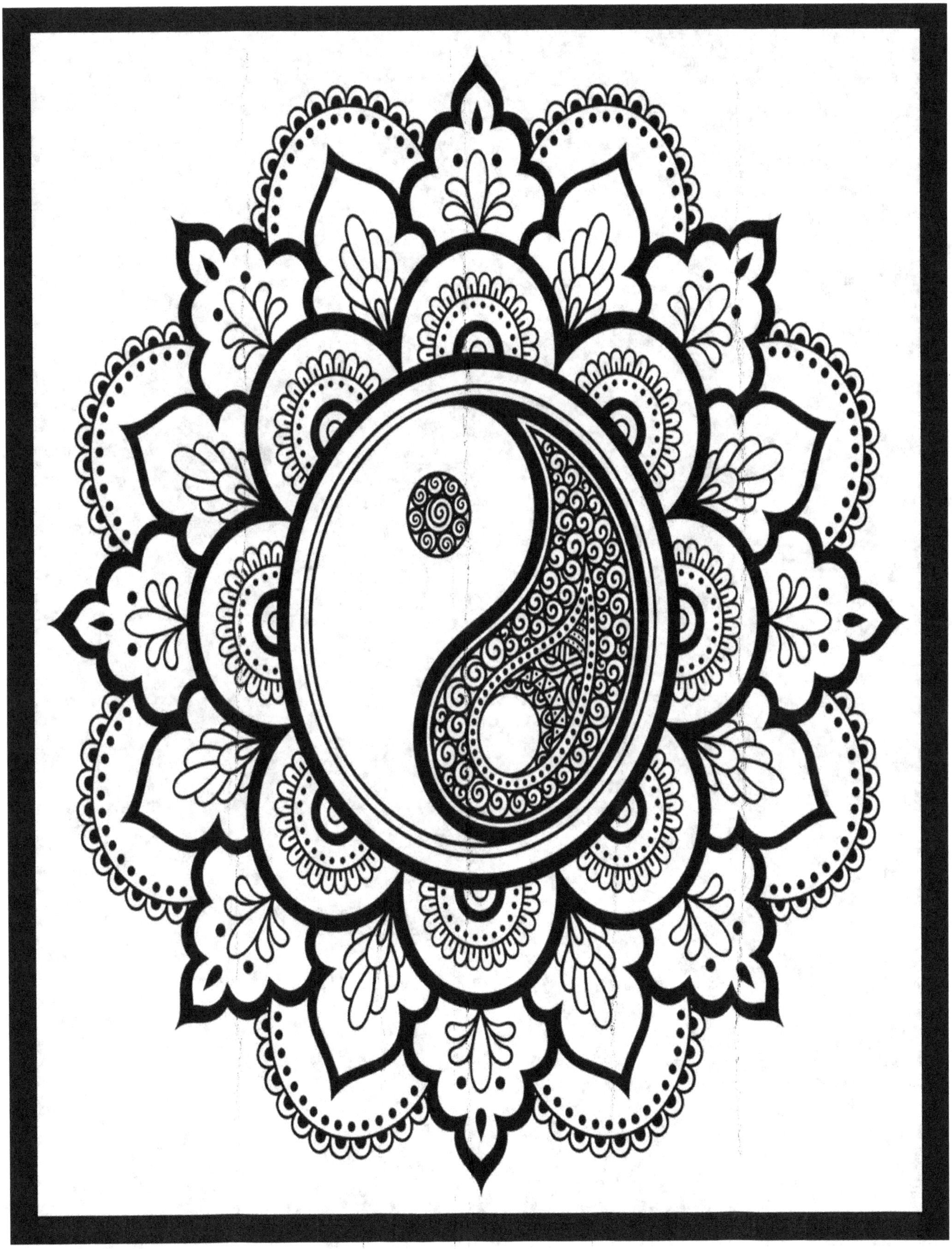

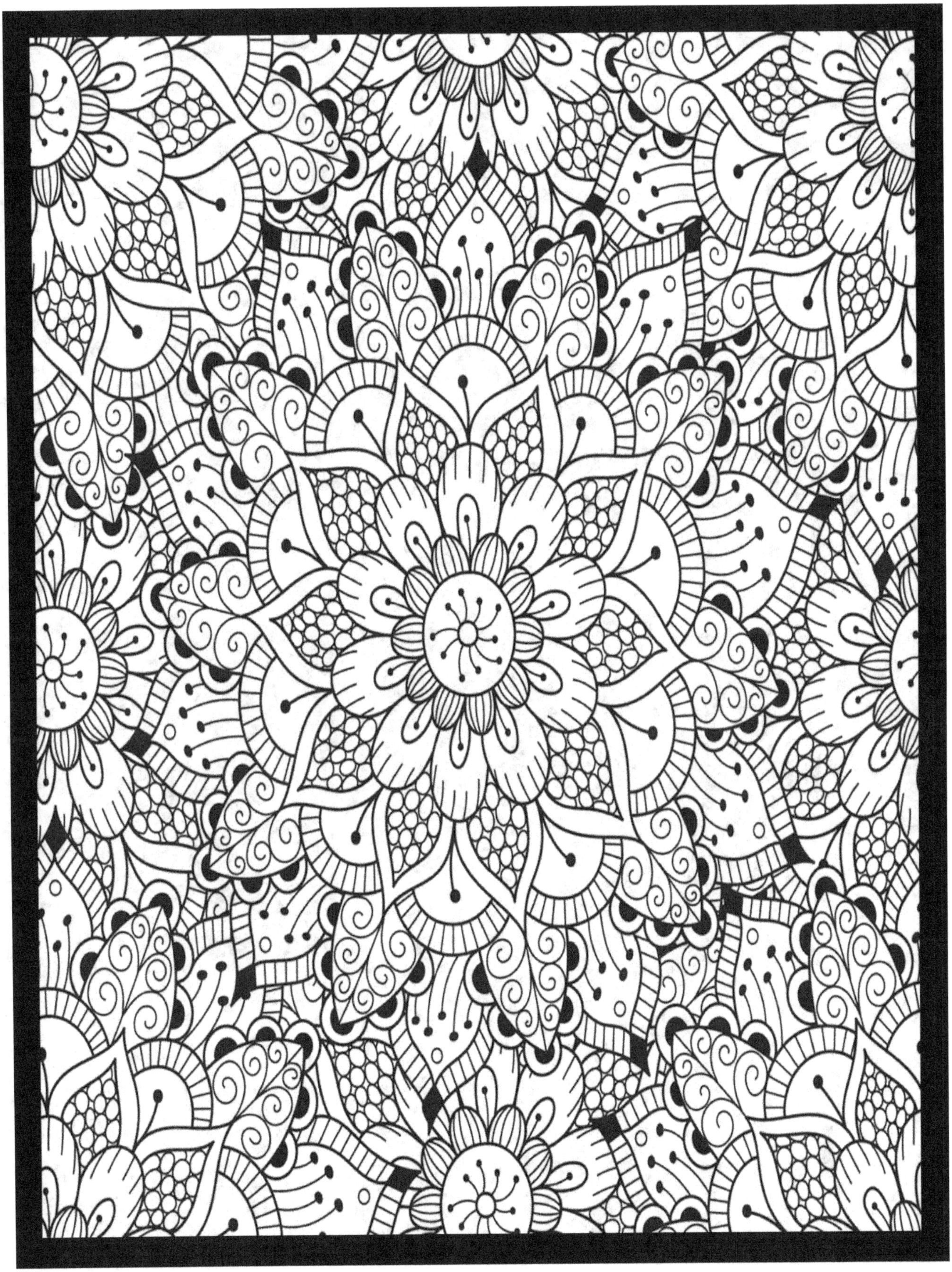

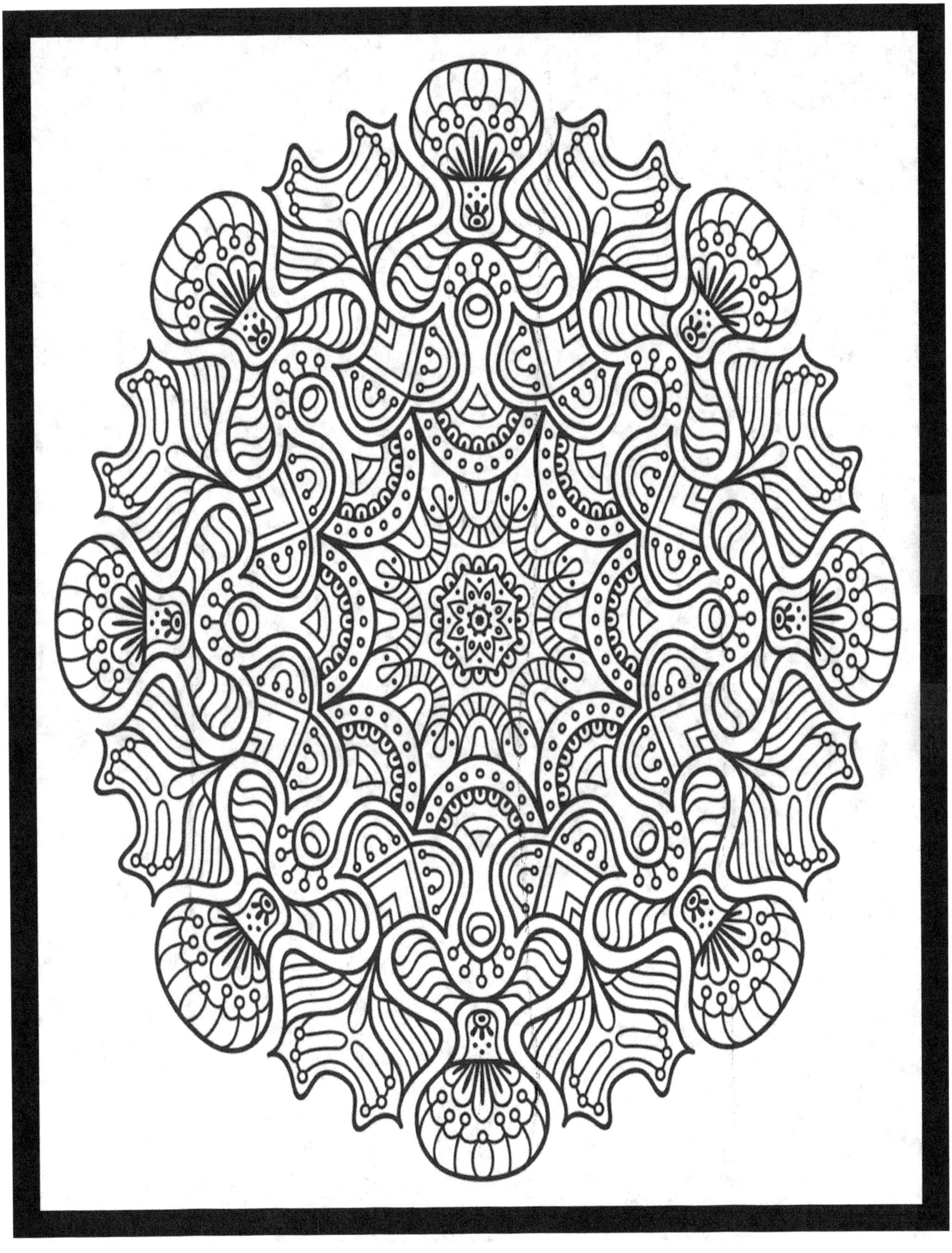

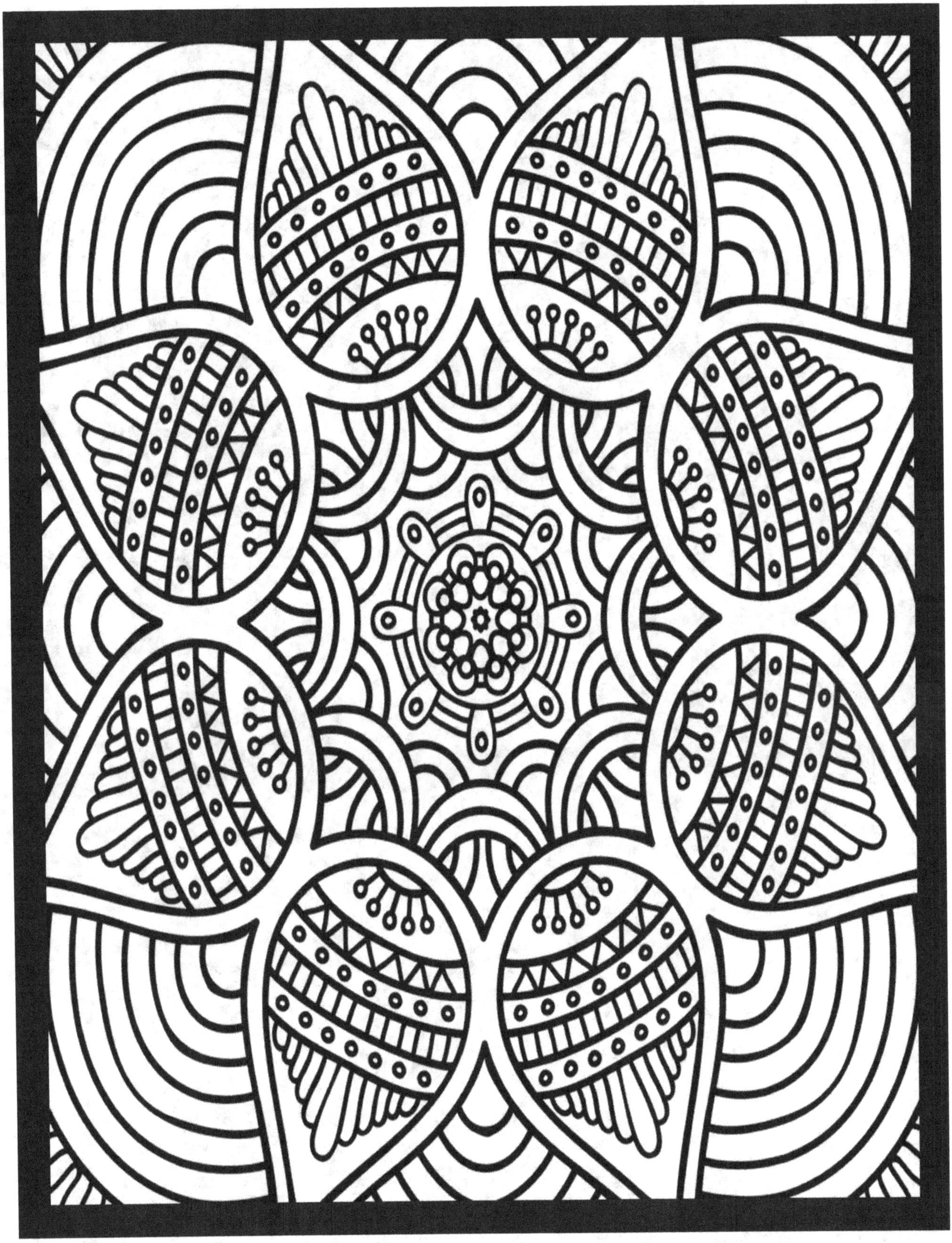

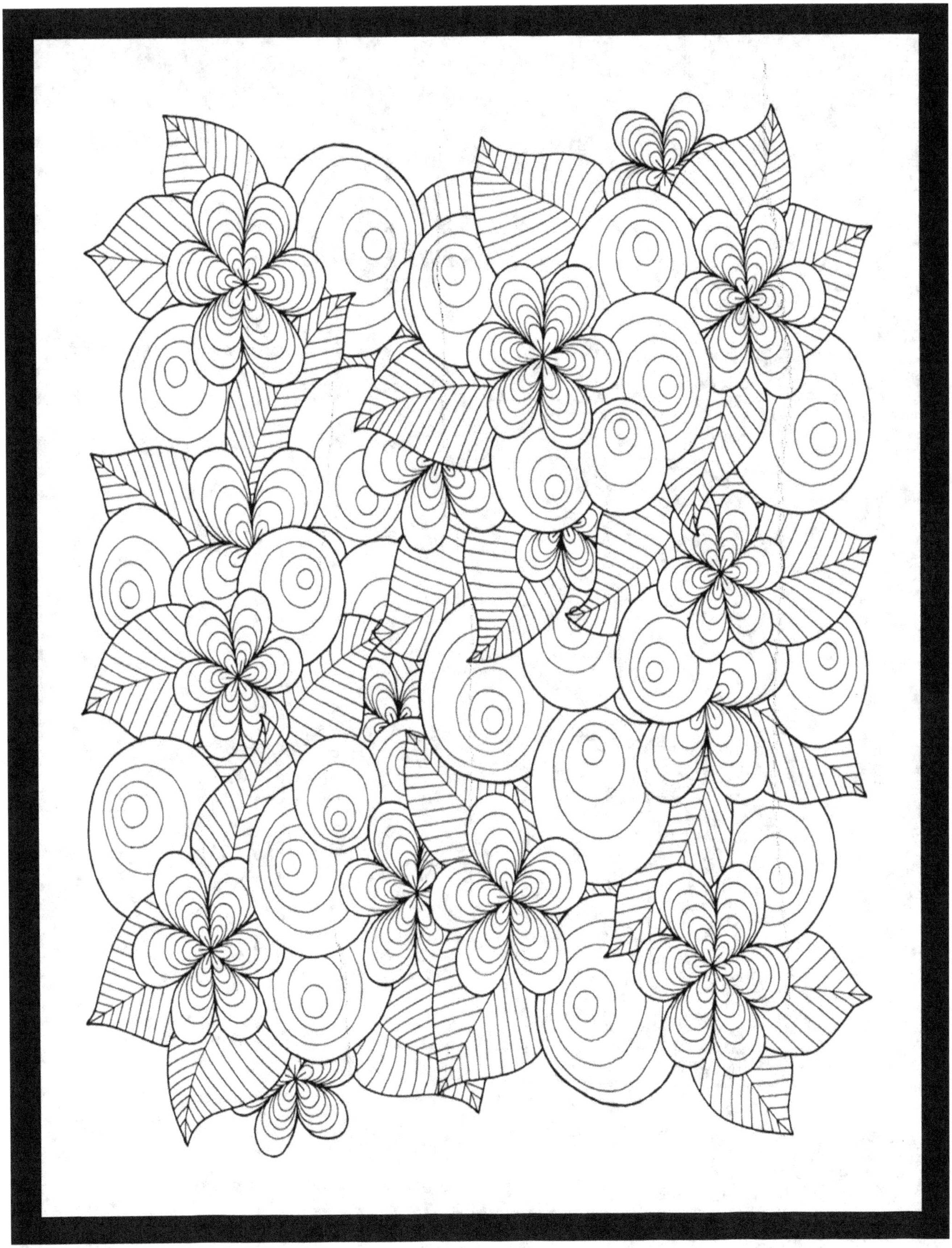

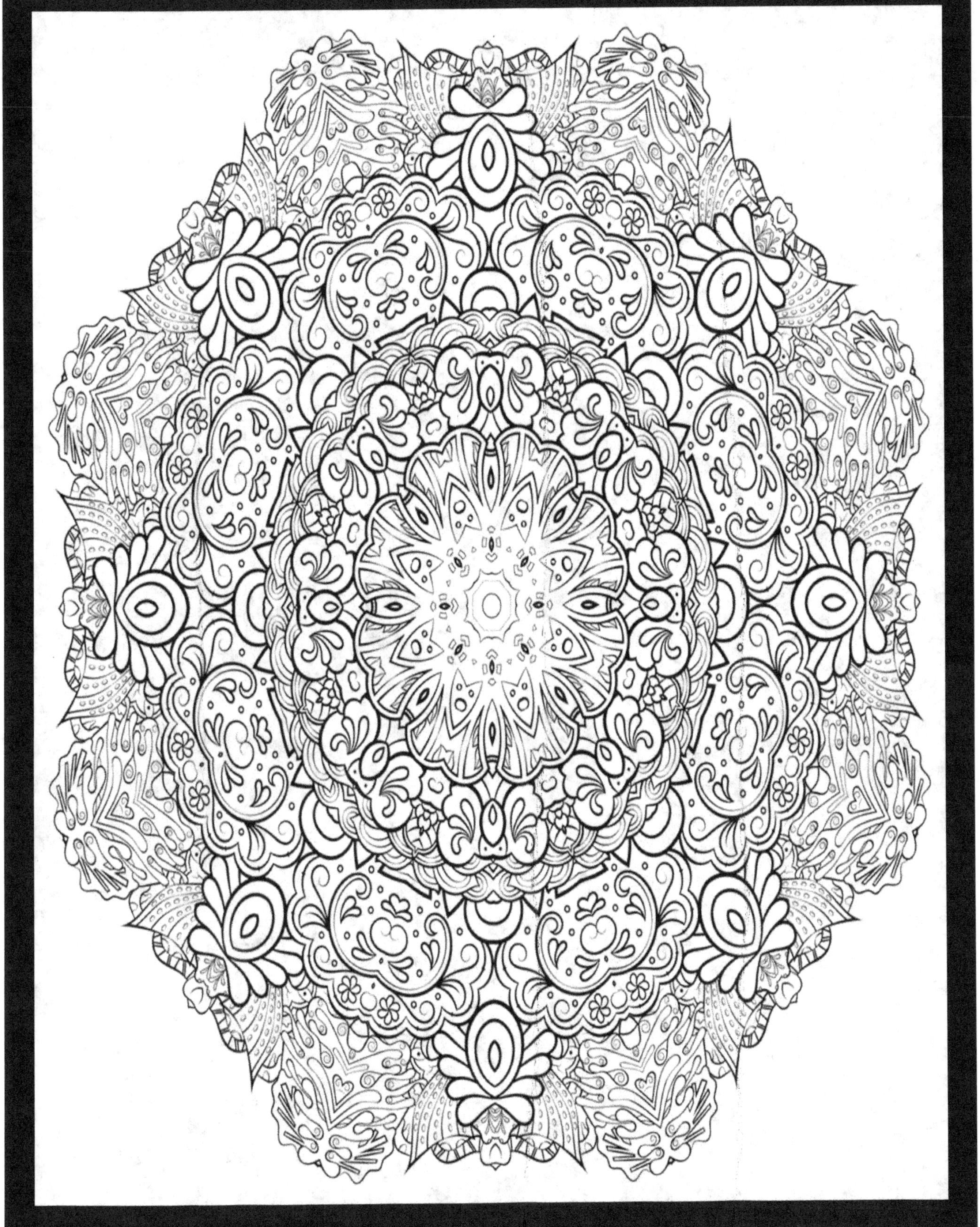

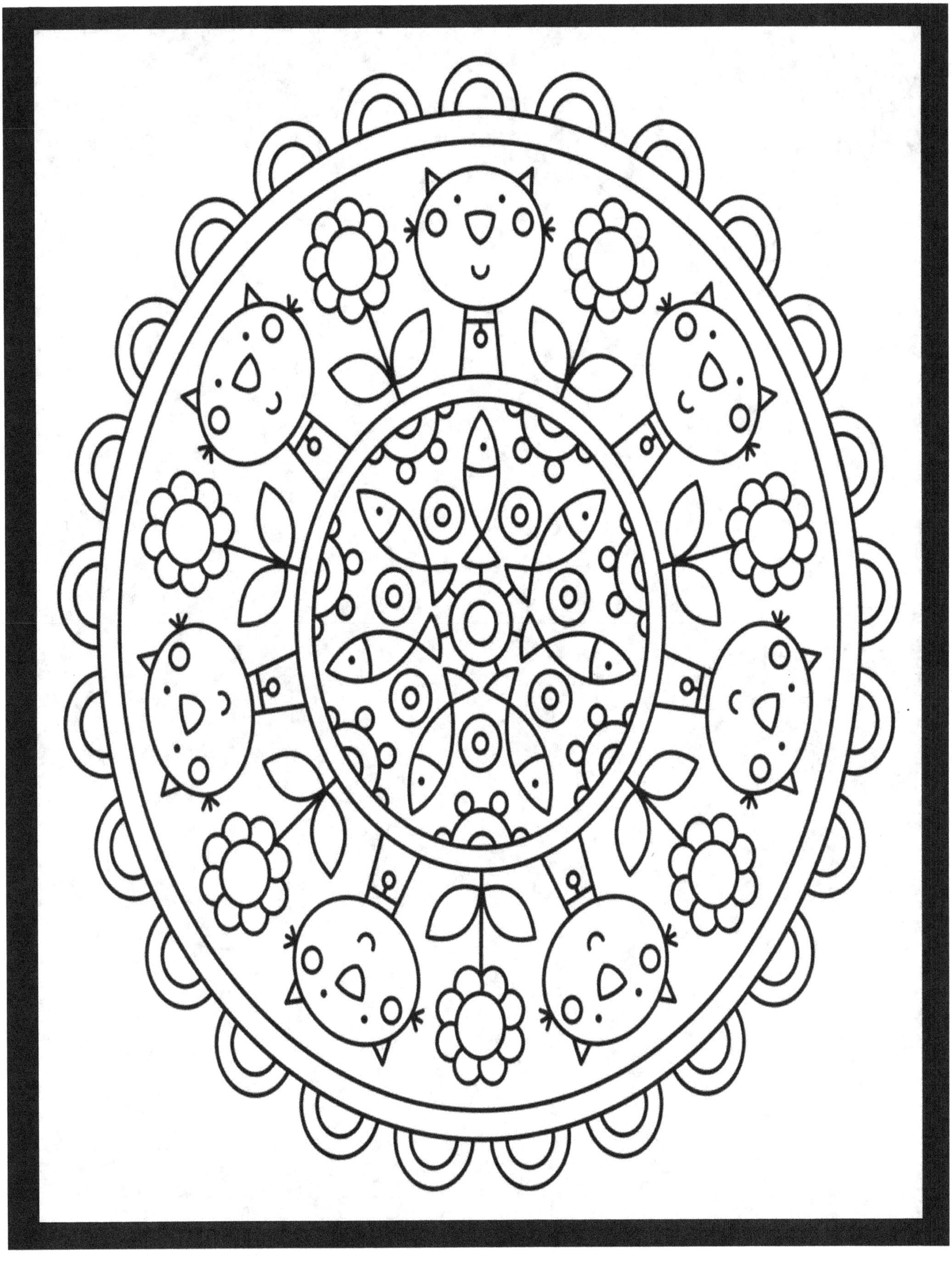

[redacted]

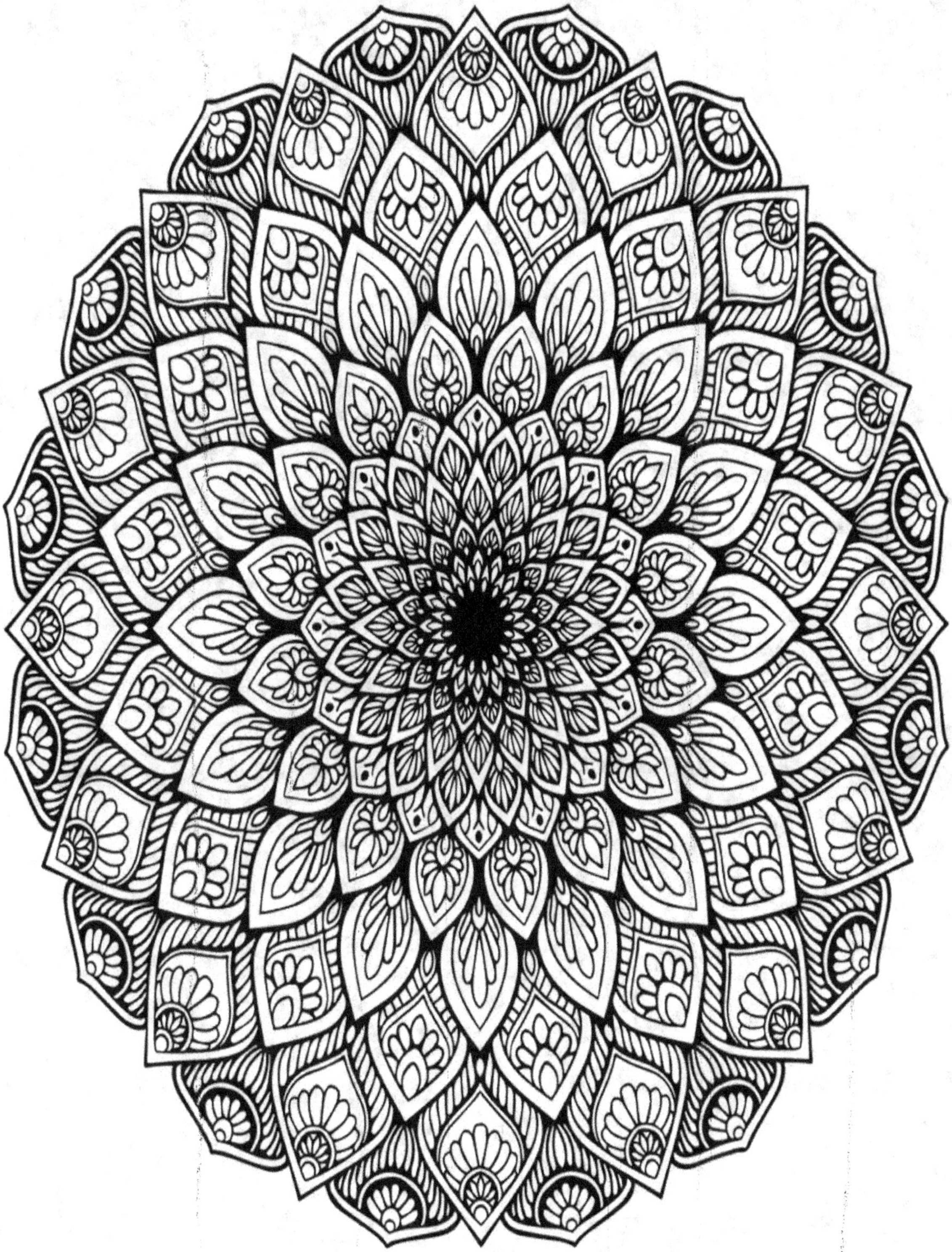

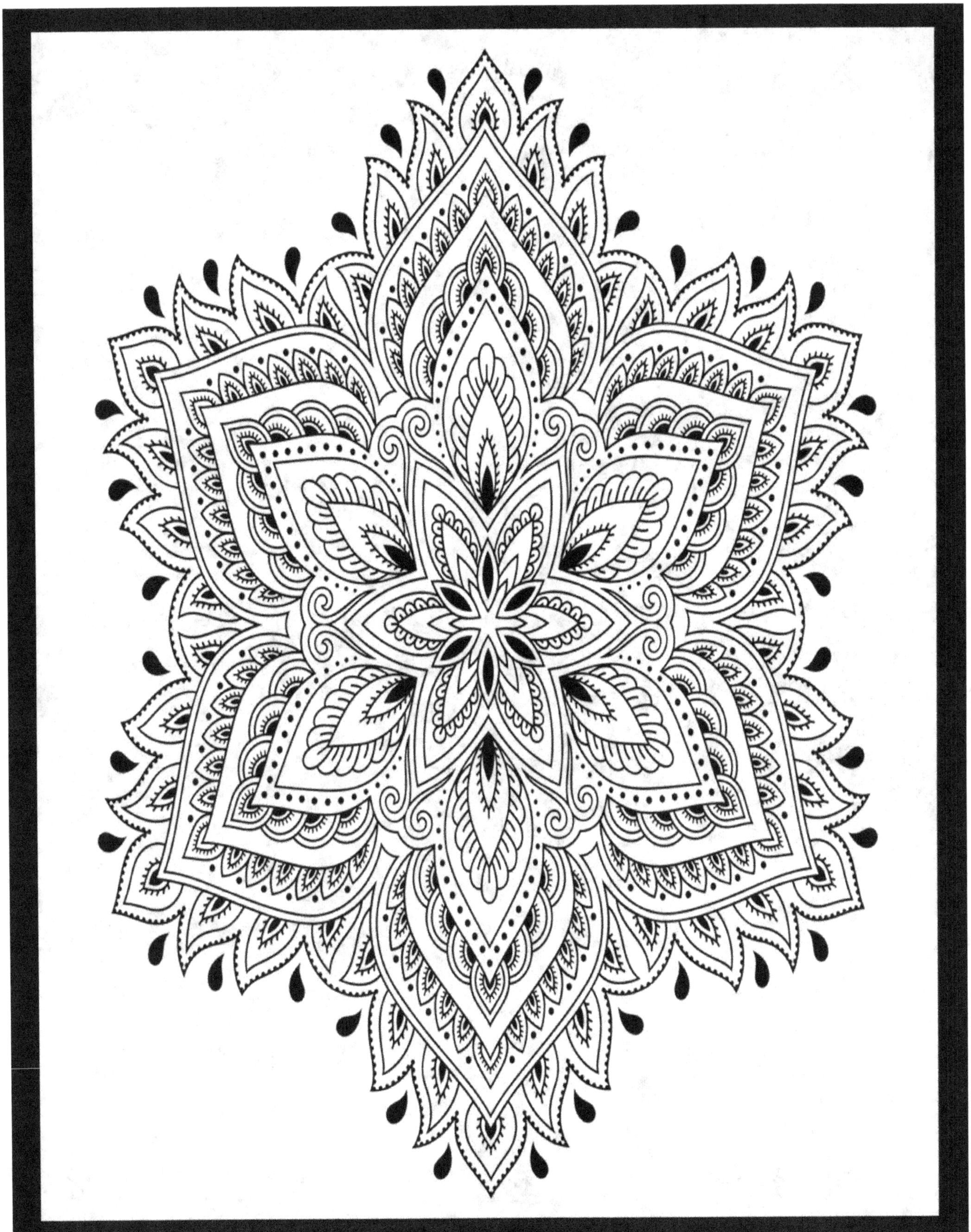

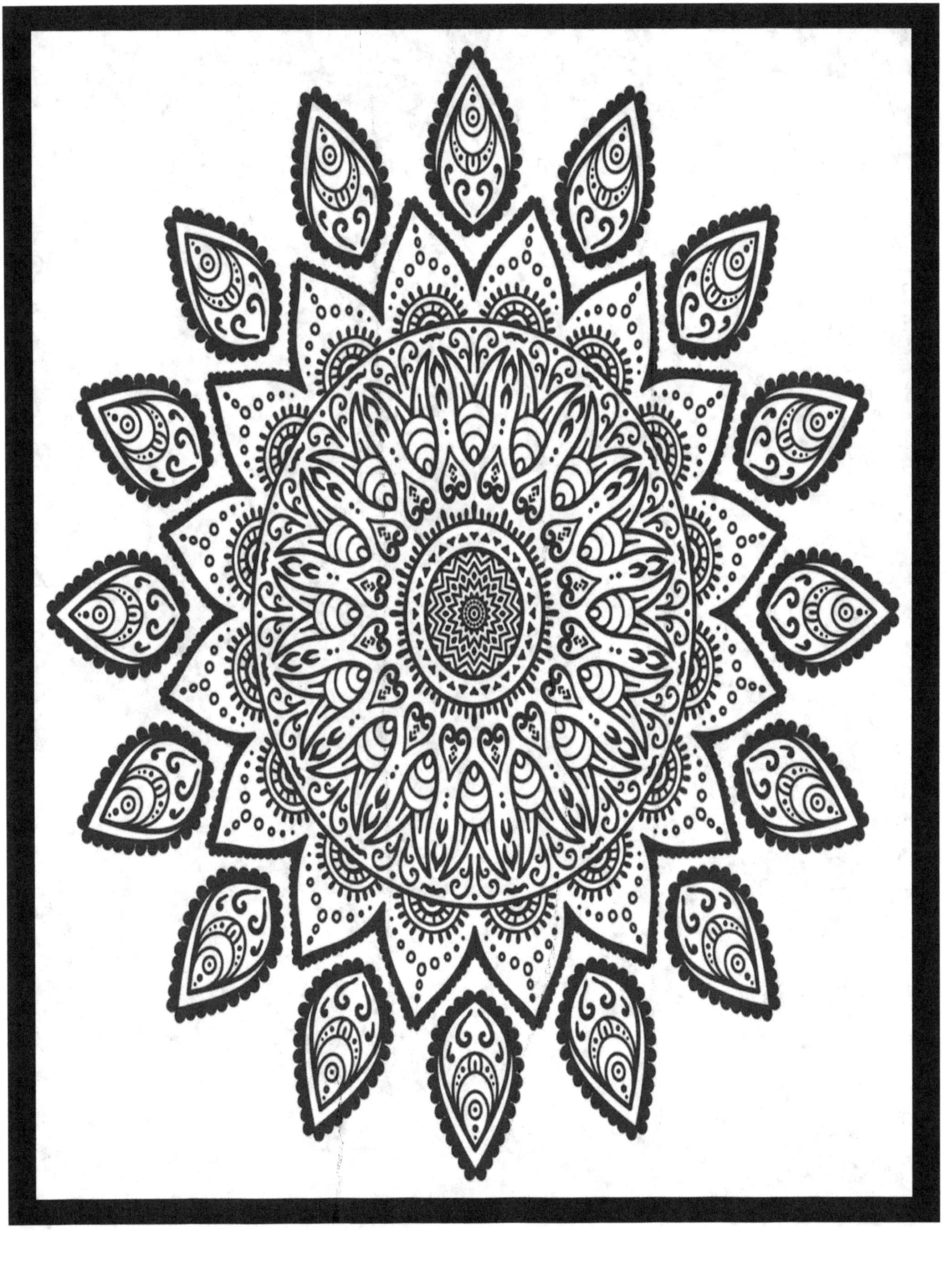

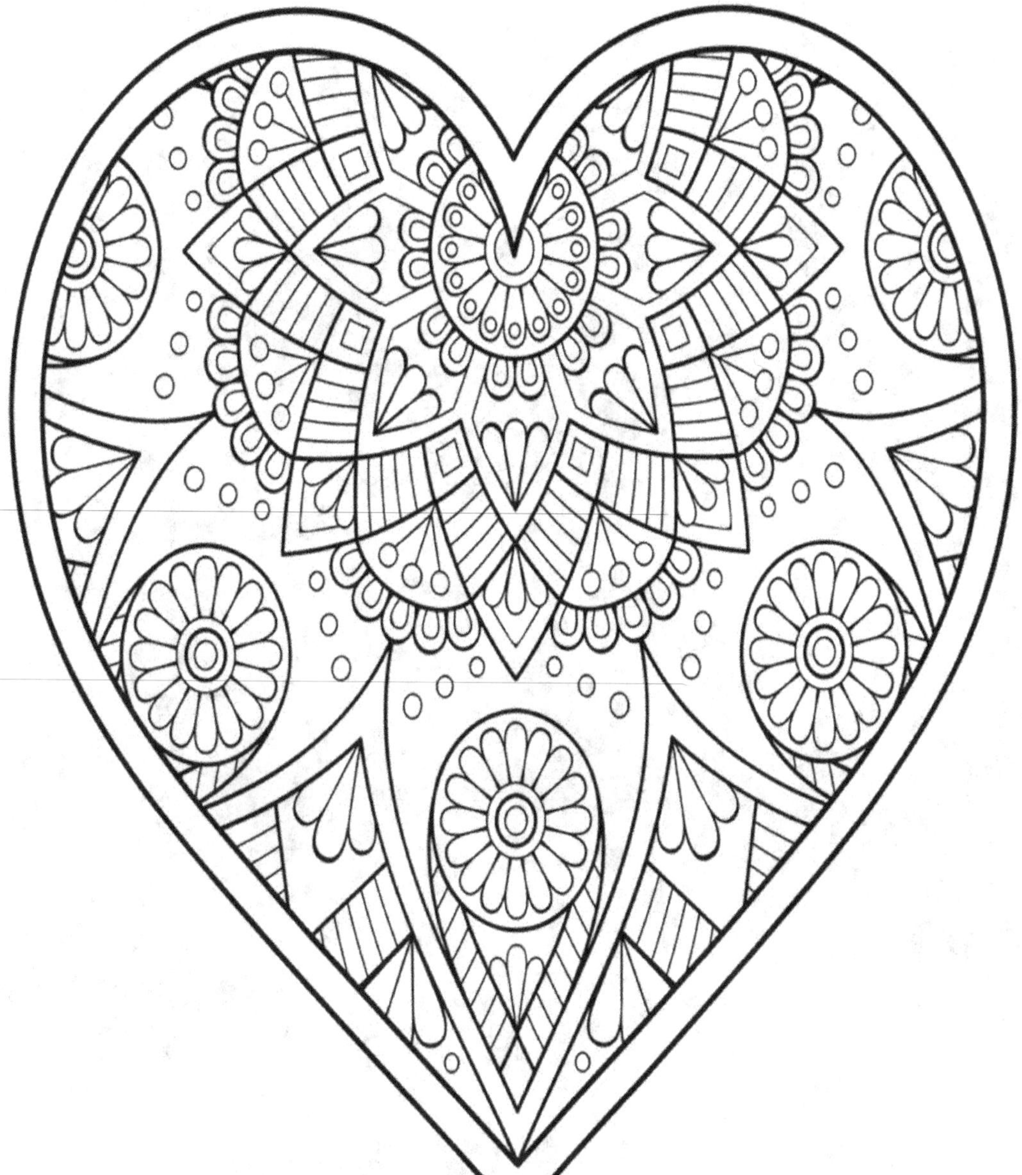

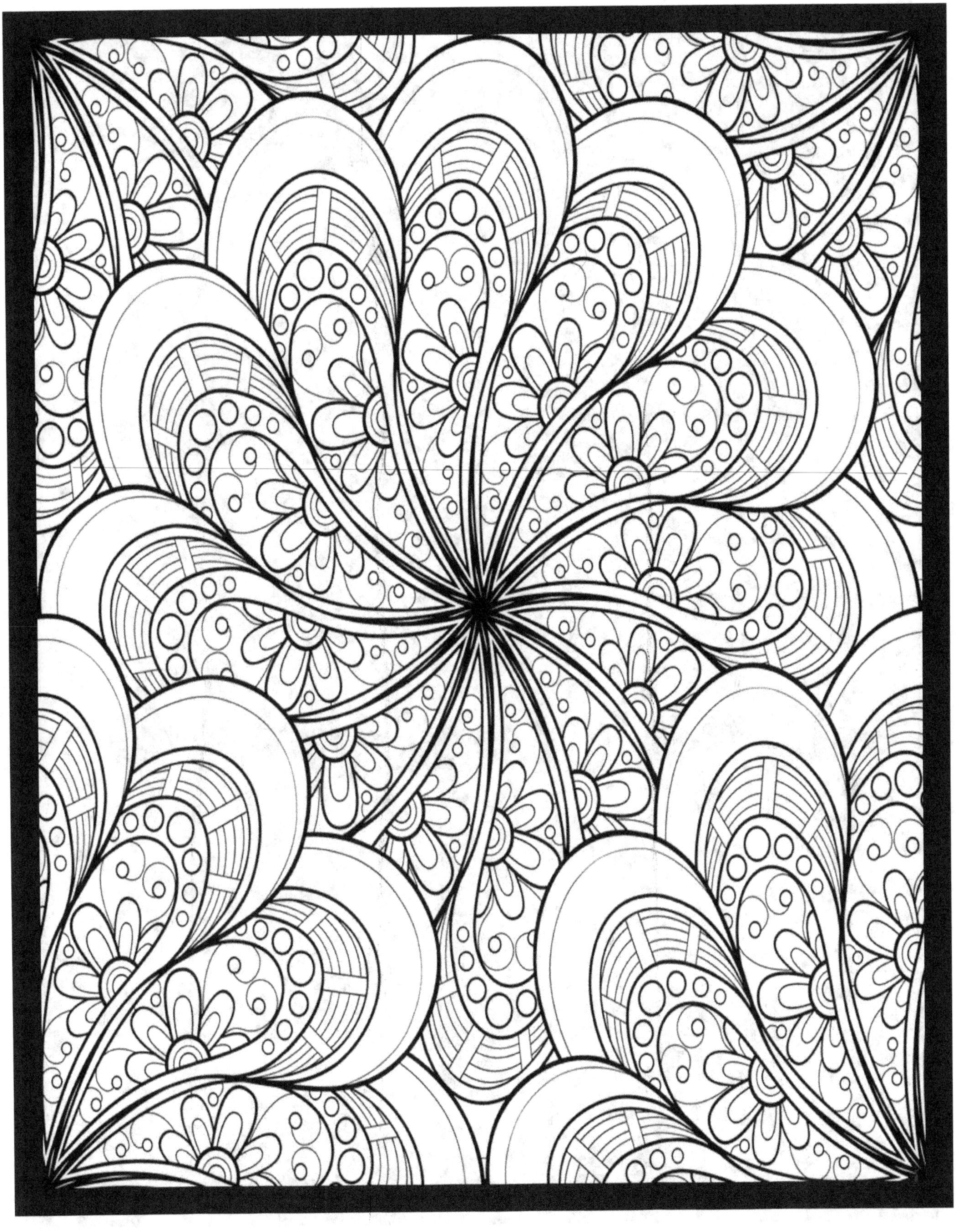

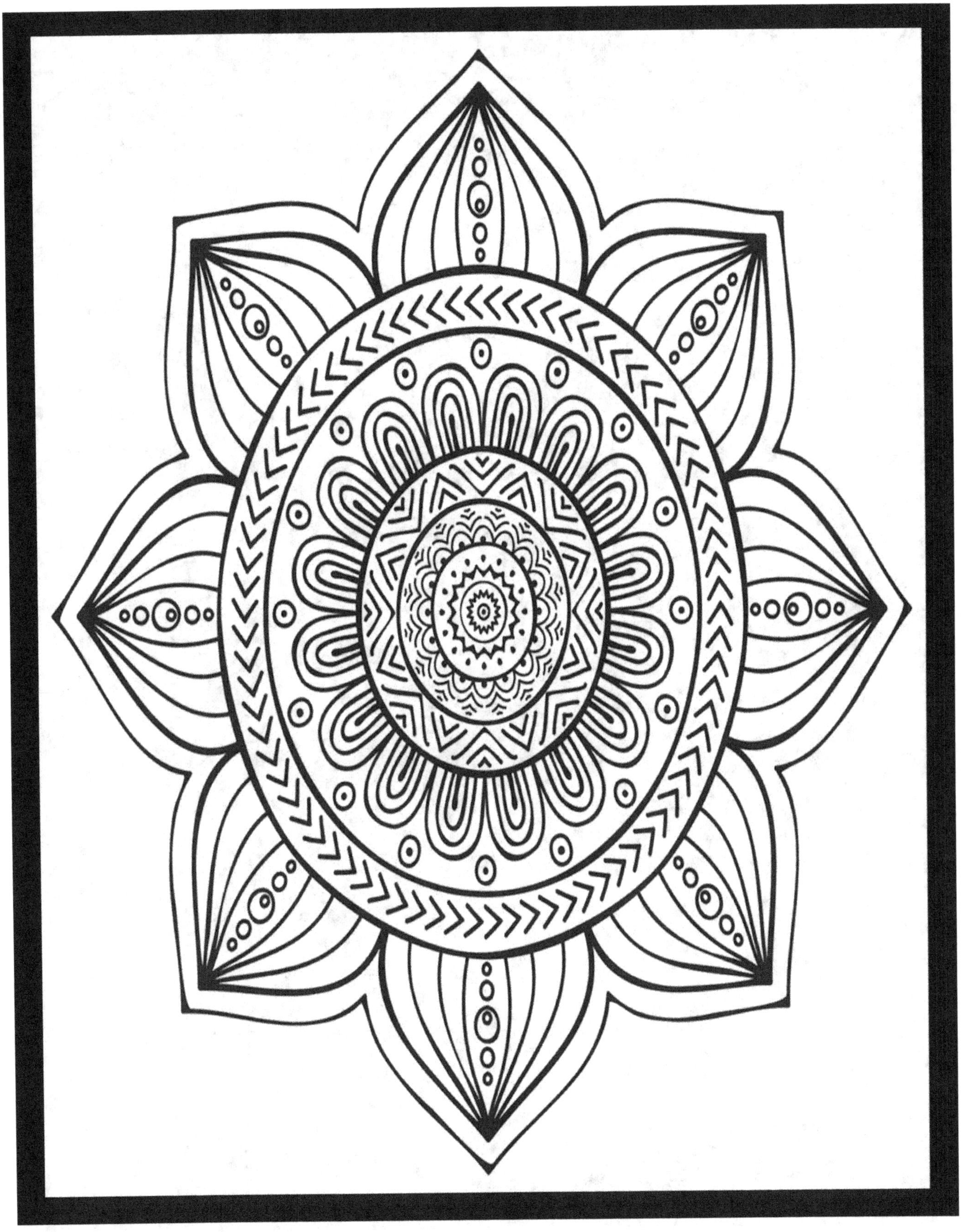

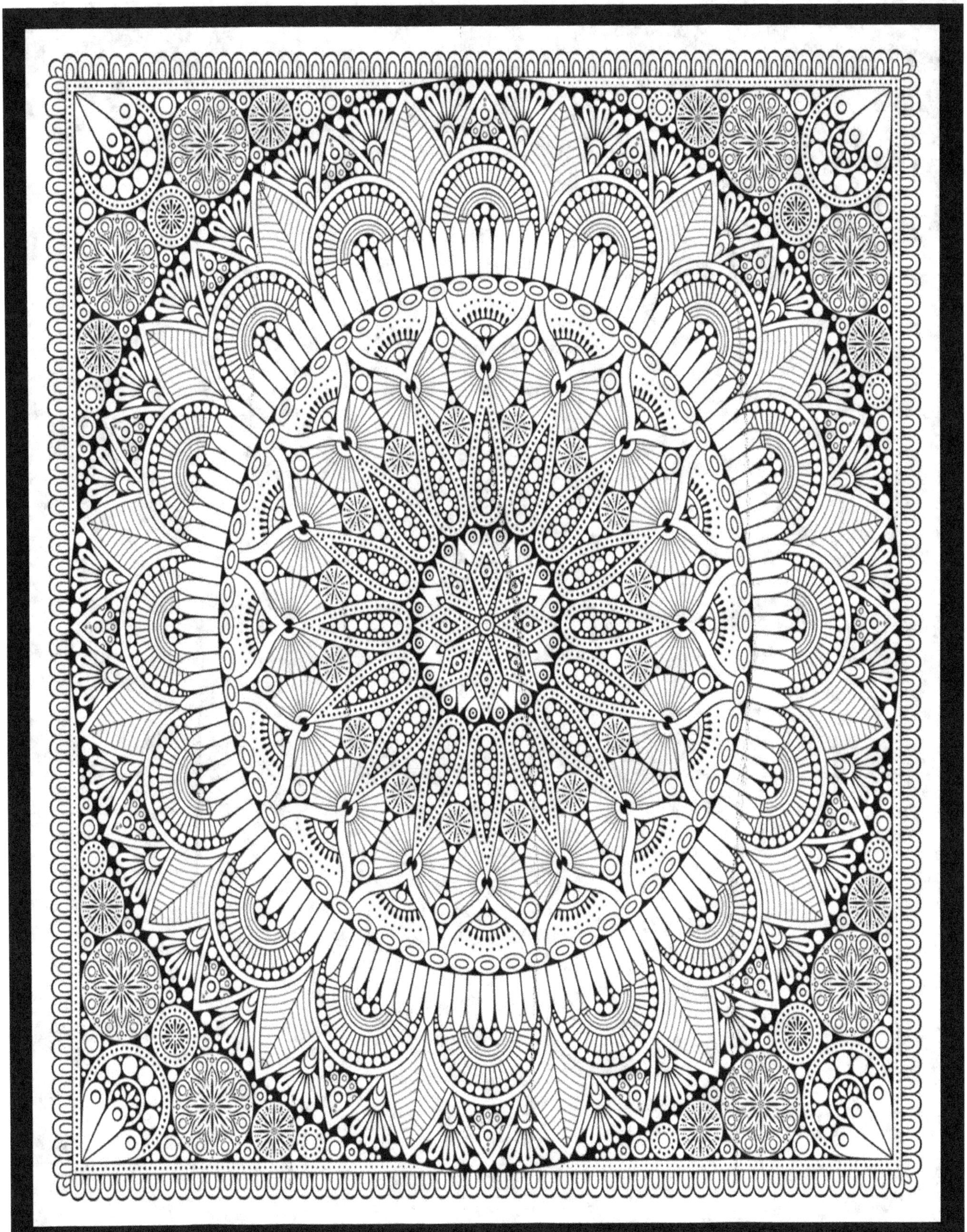

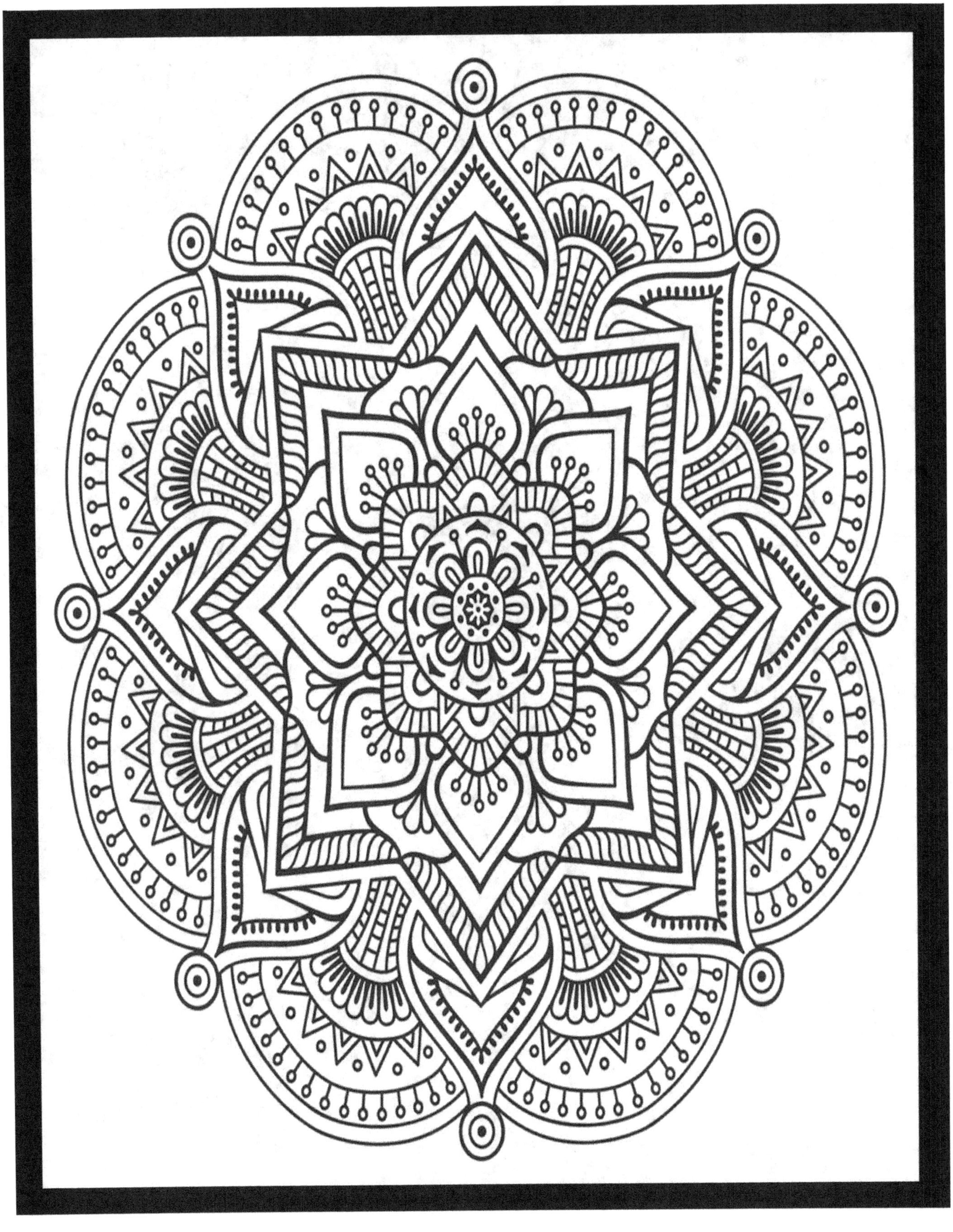

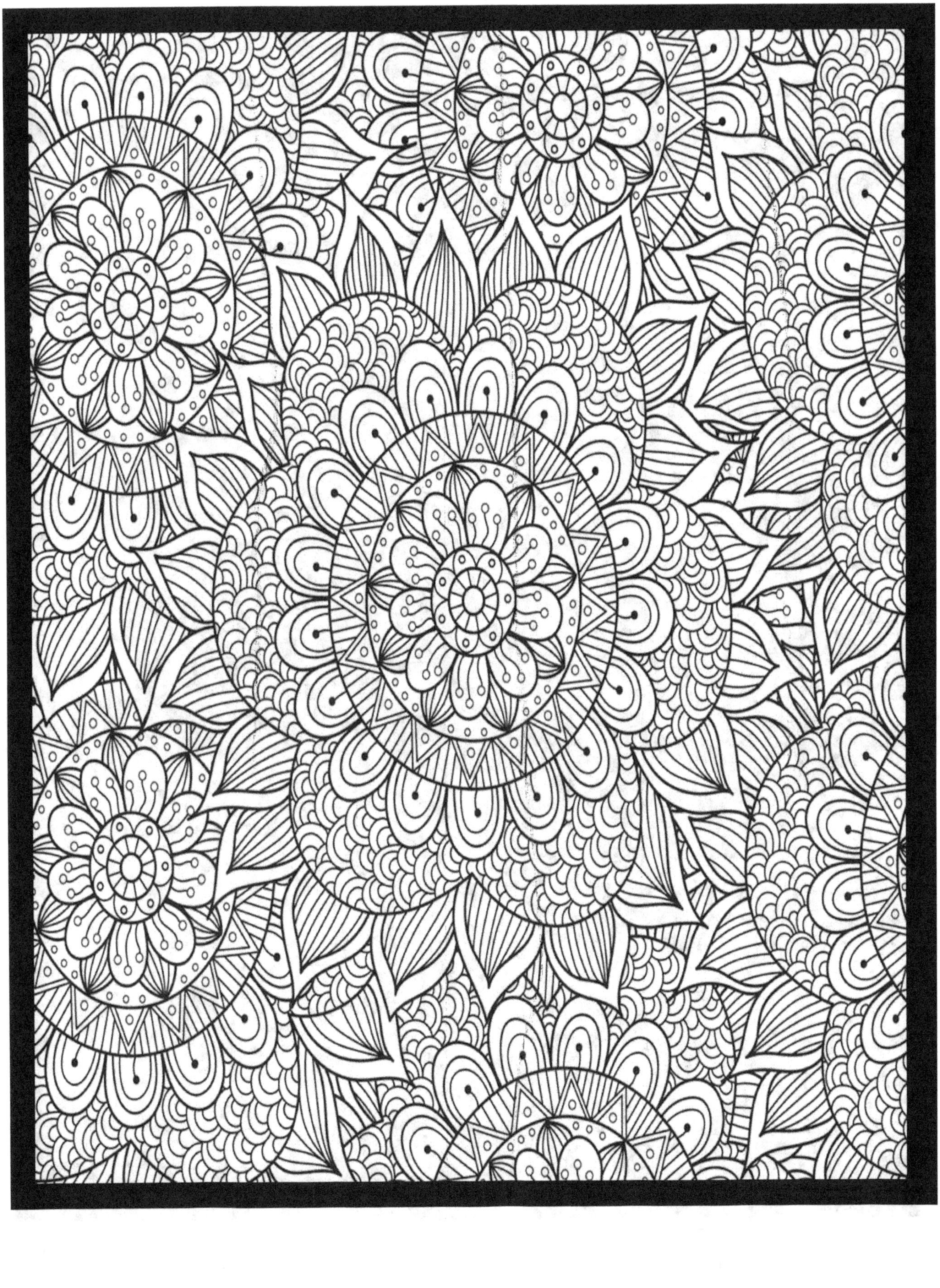

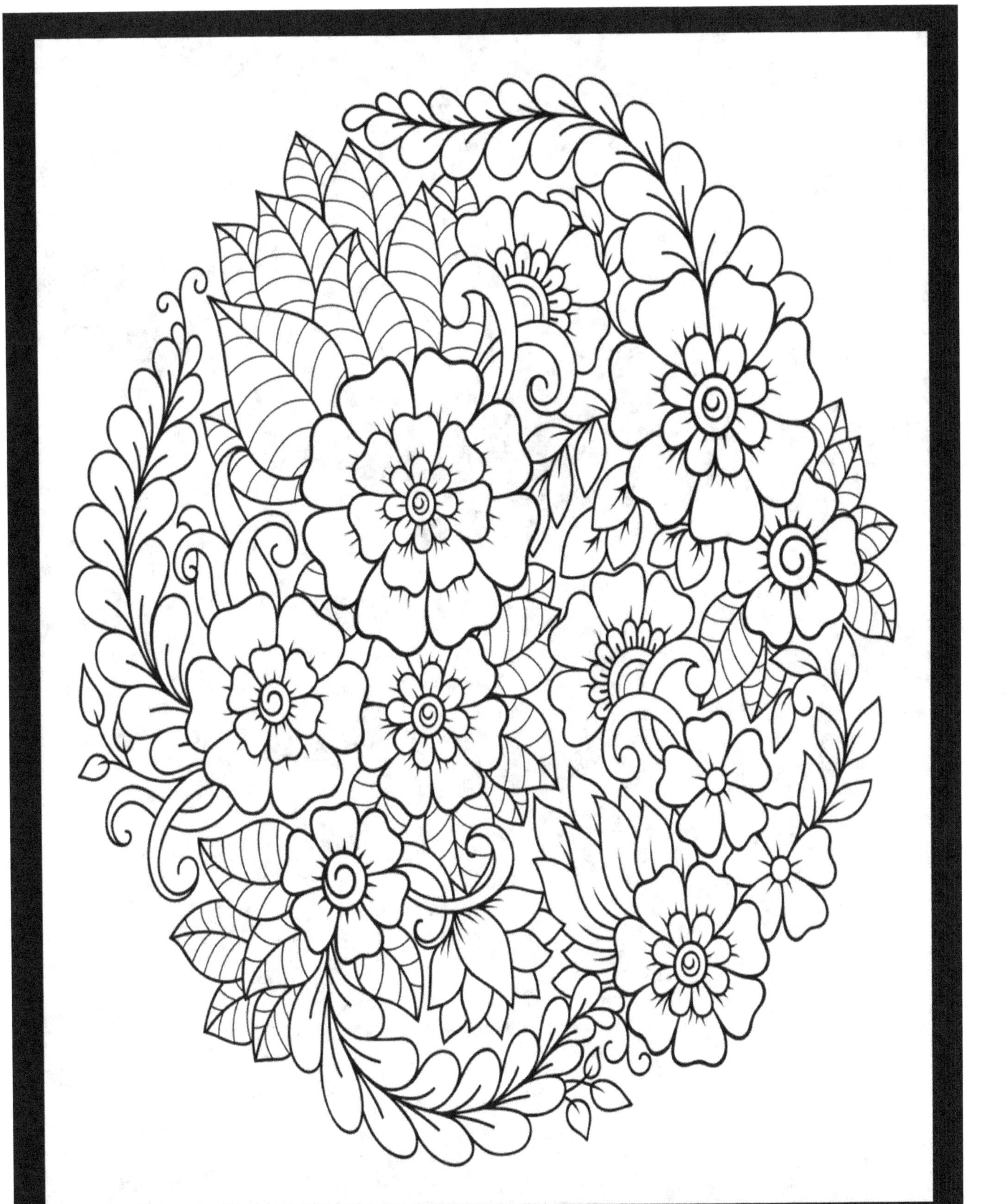

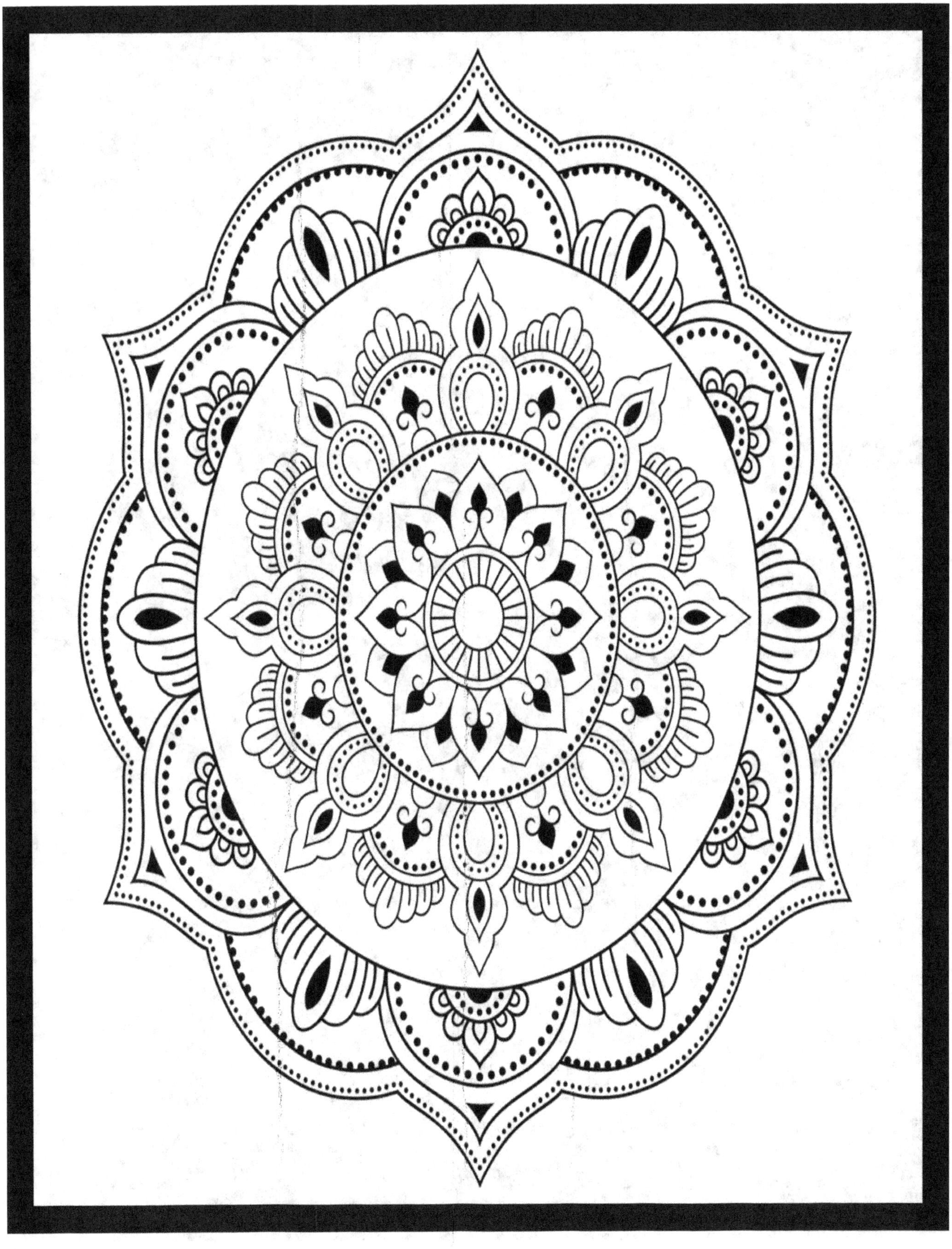

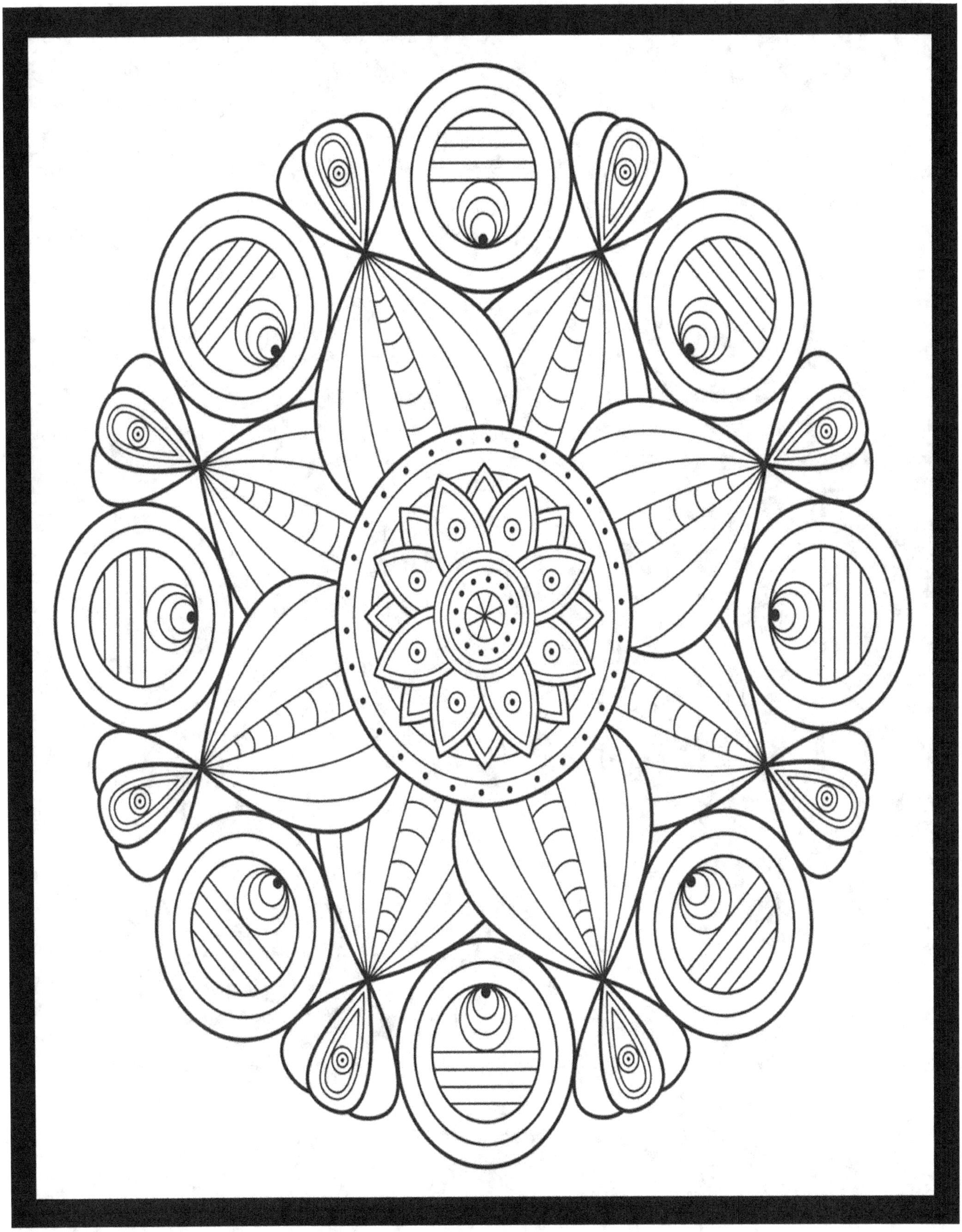

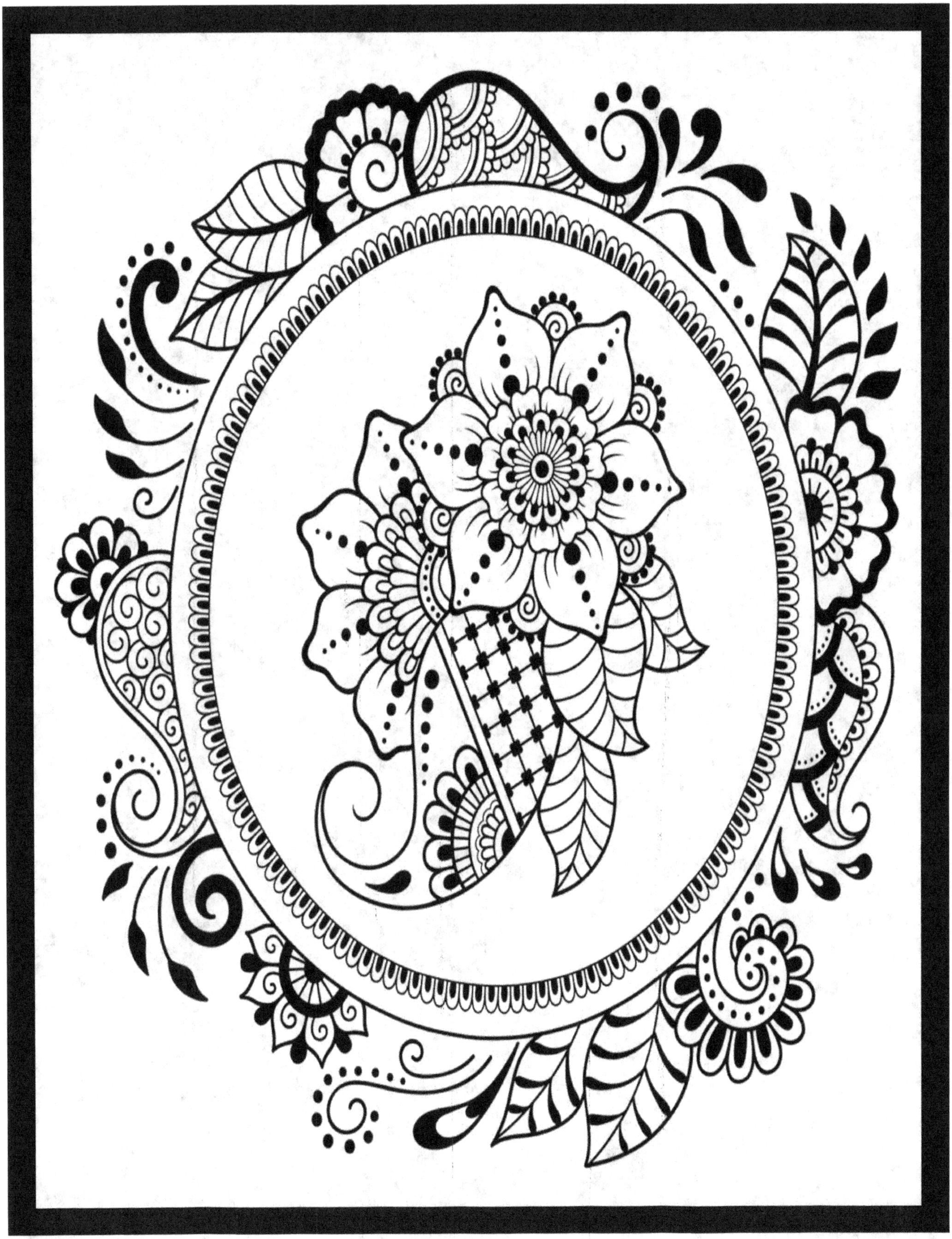

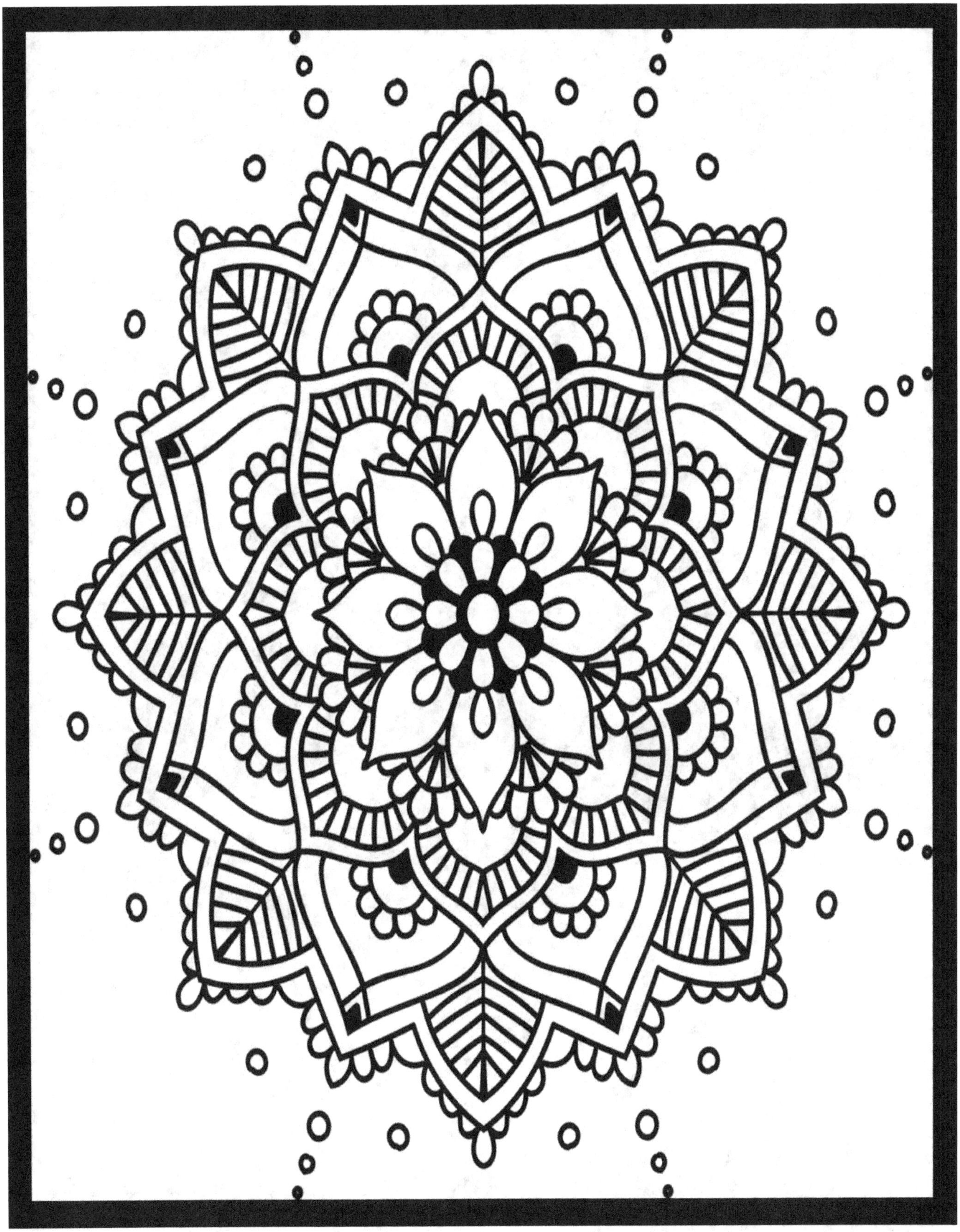

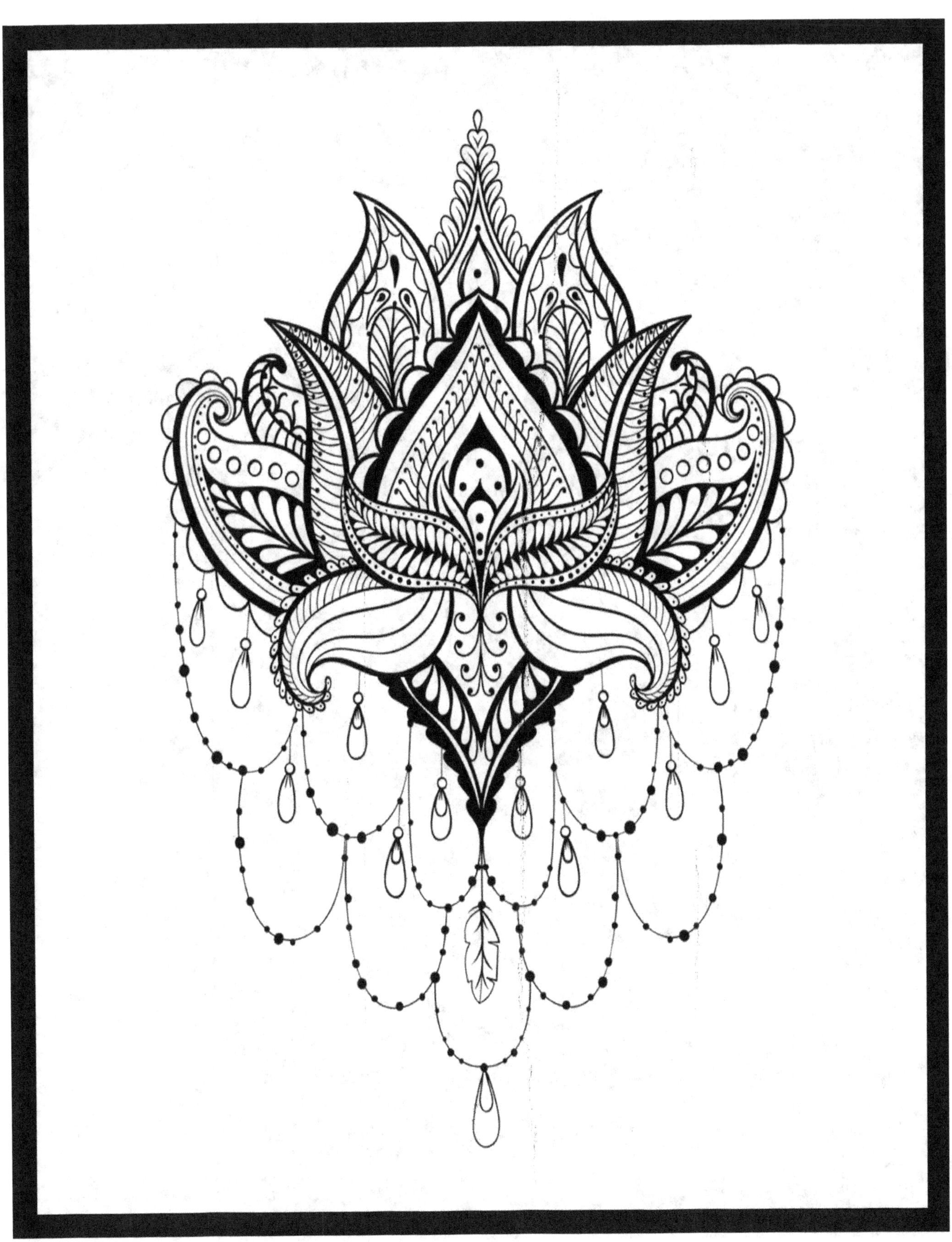

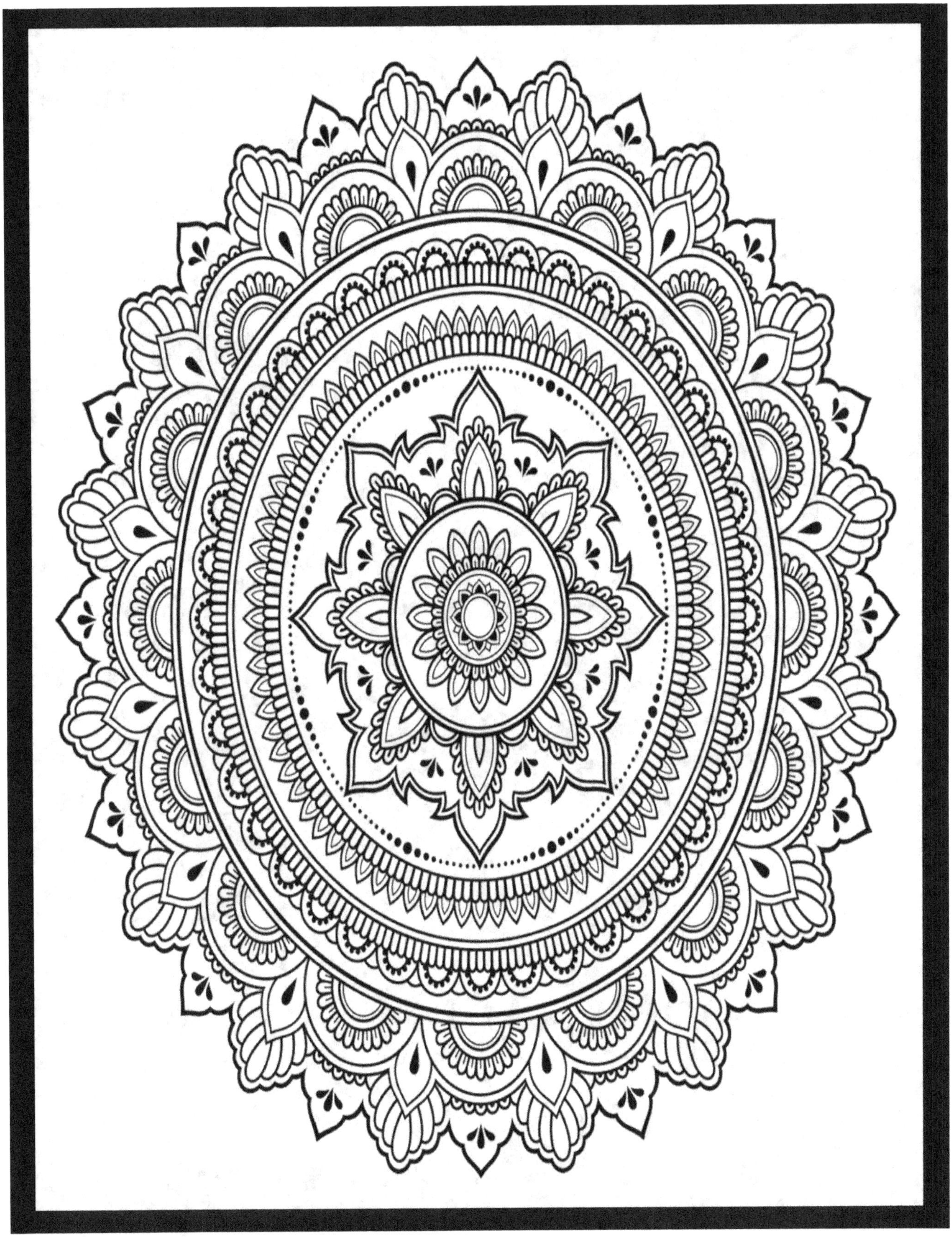

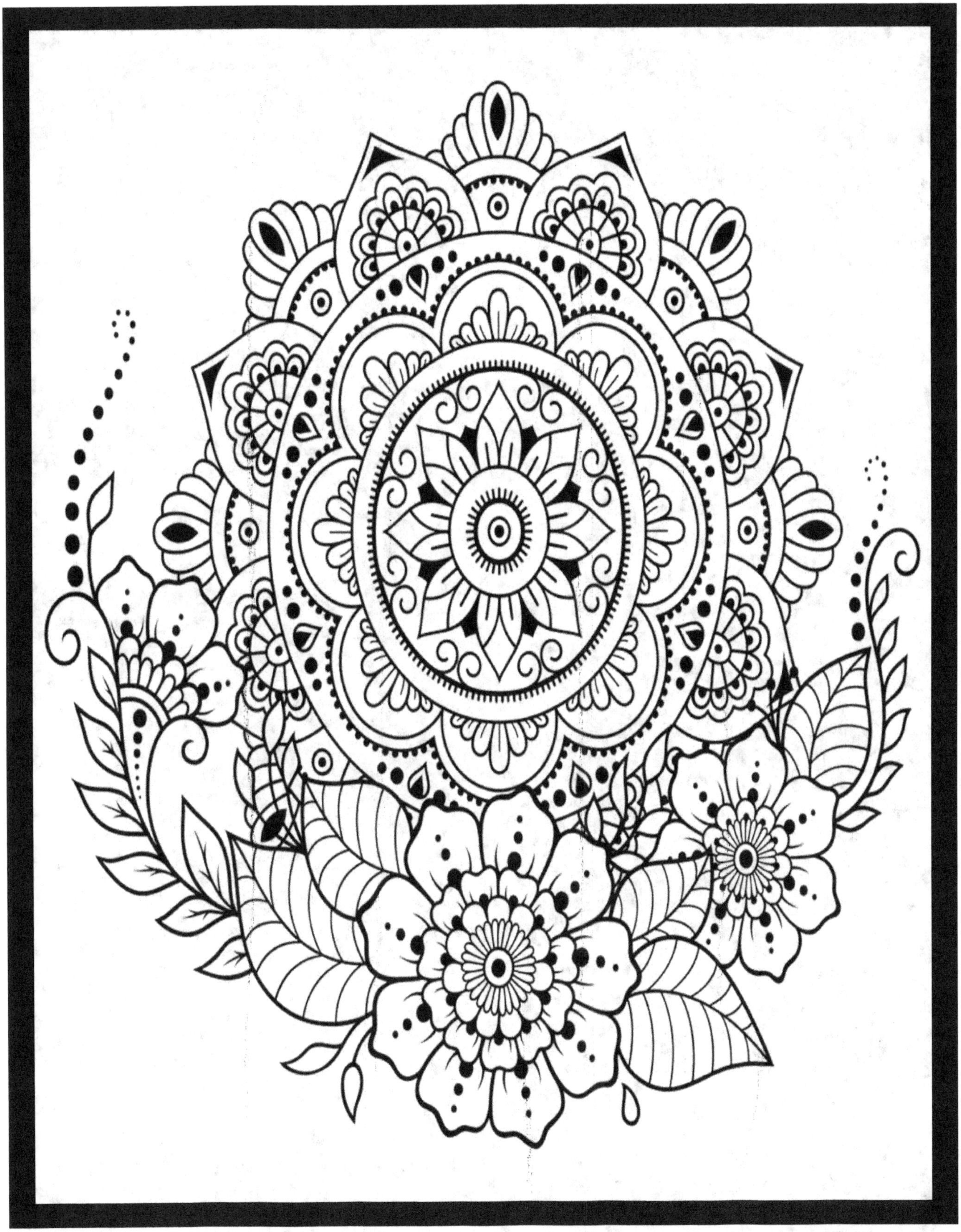

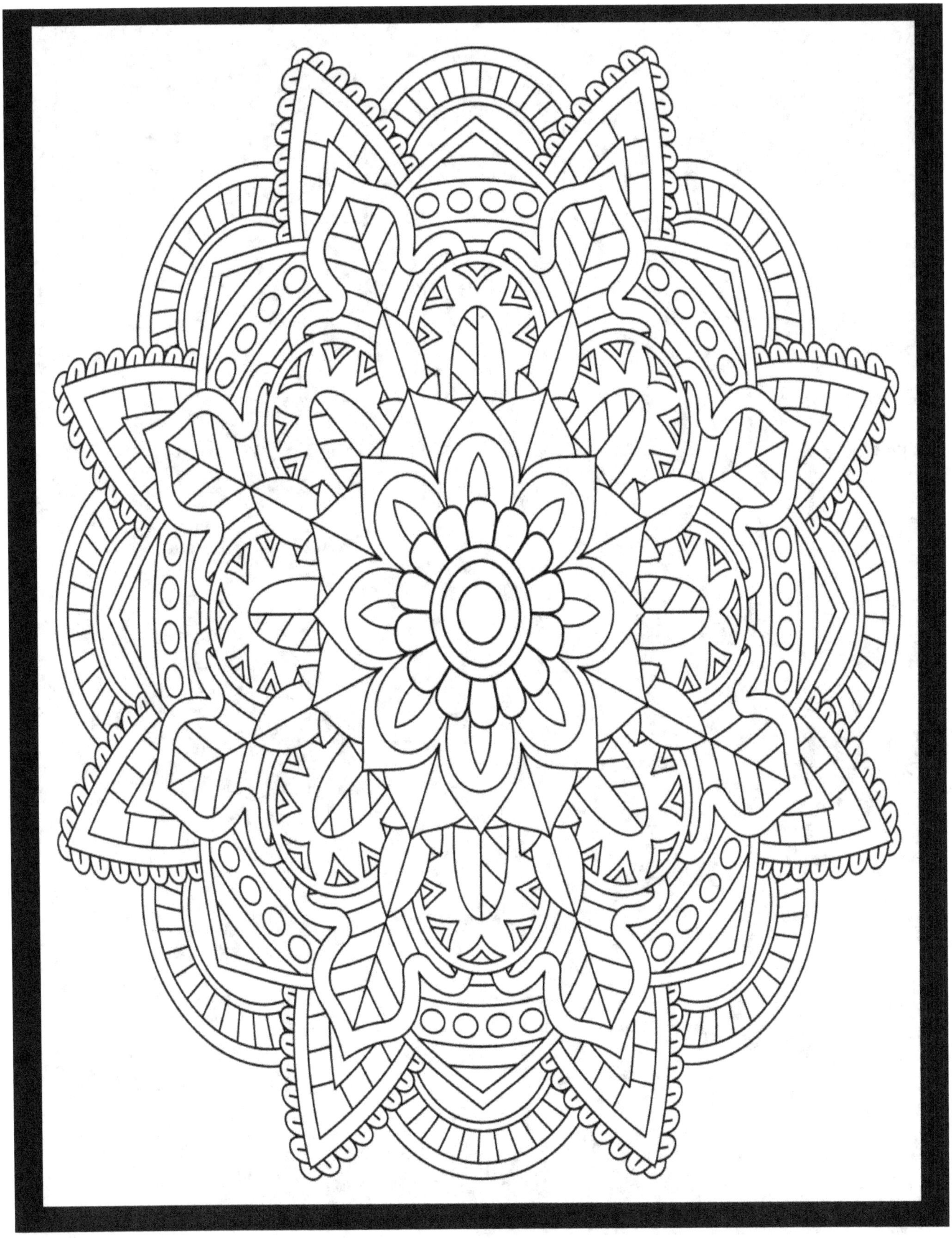

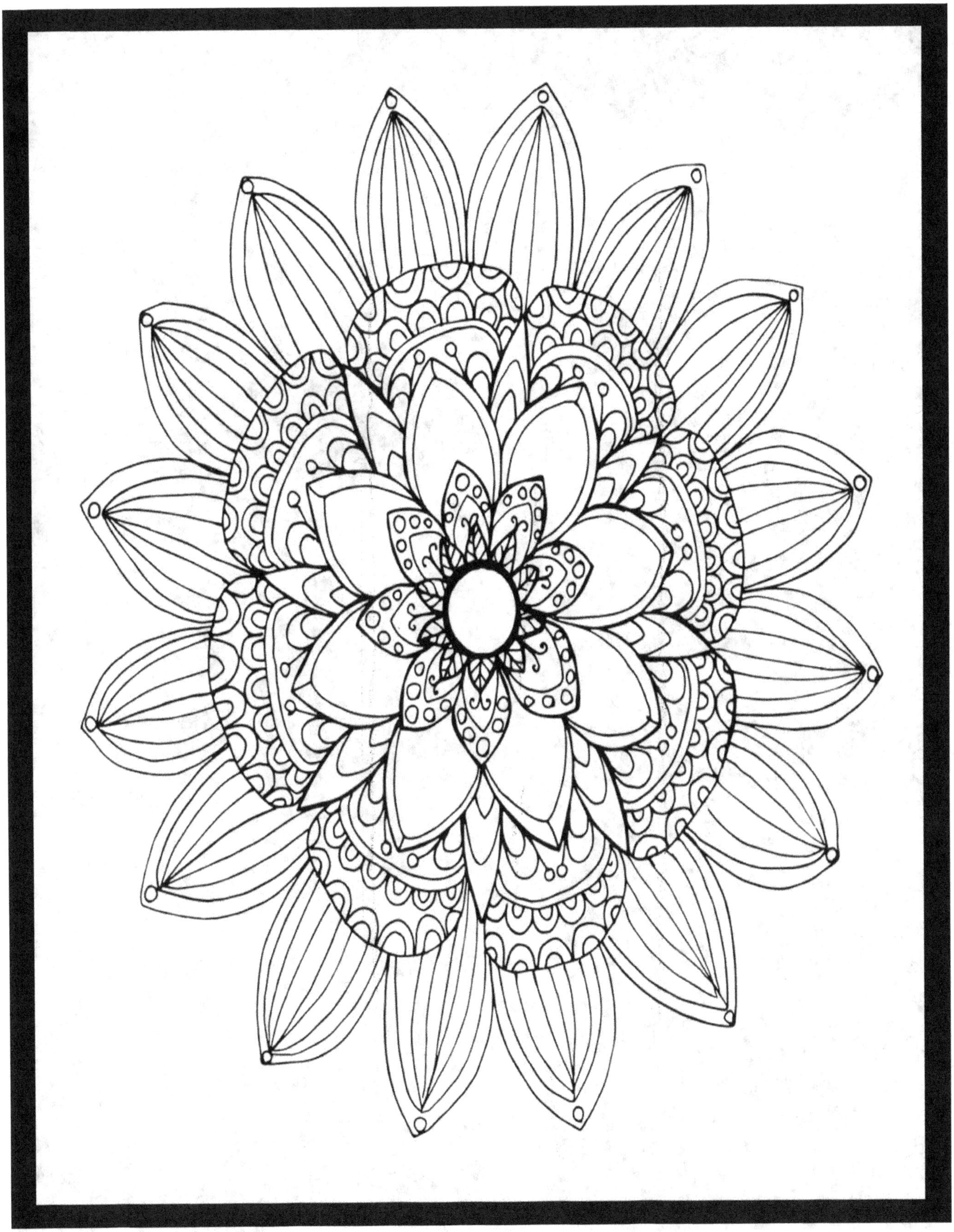

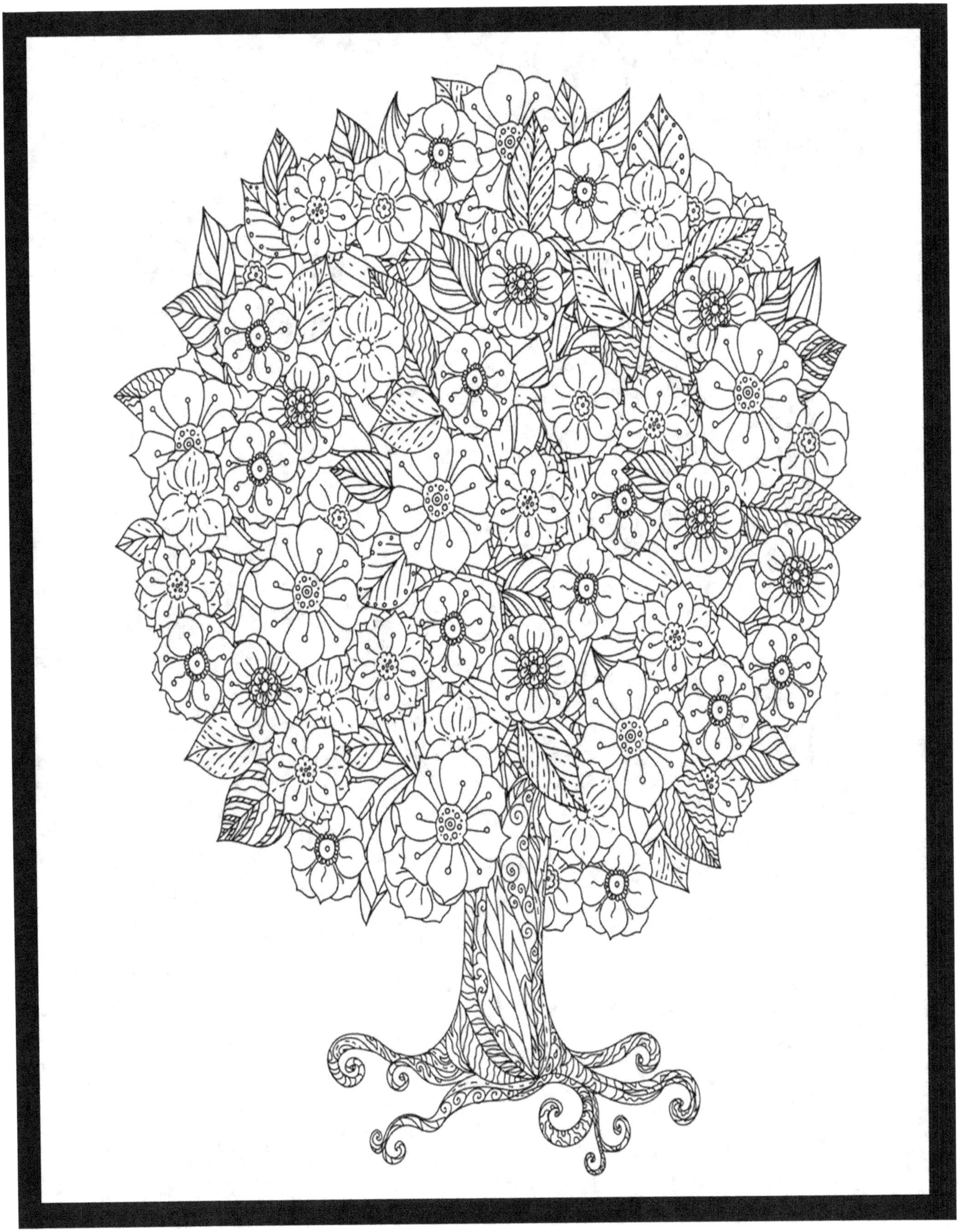

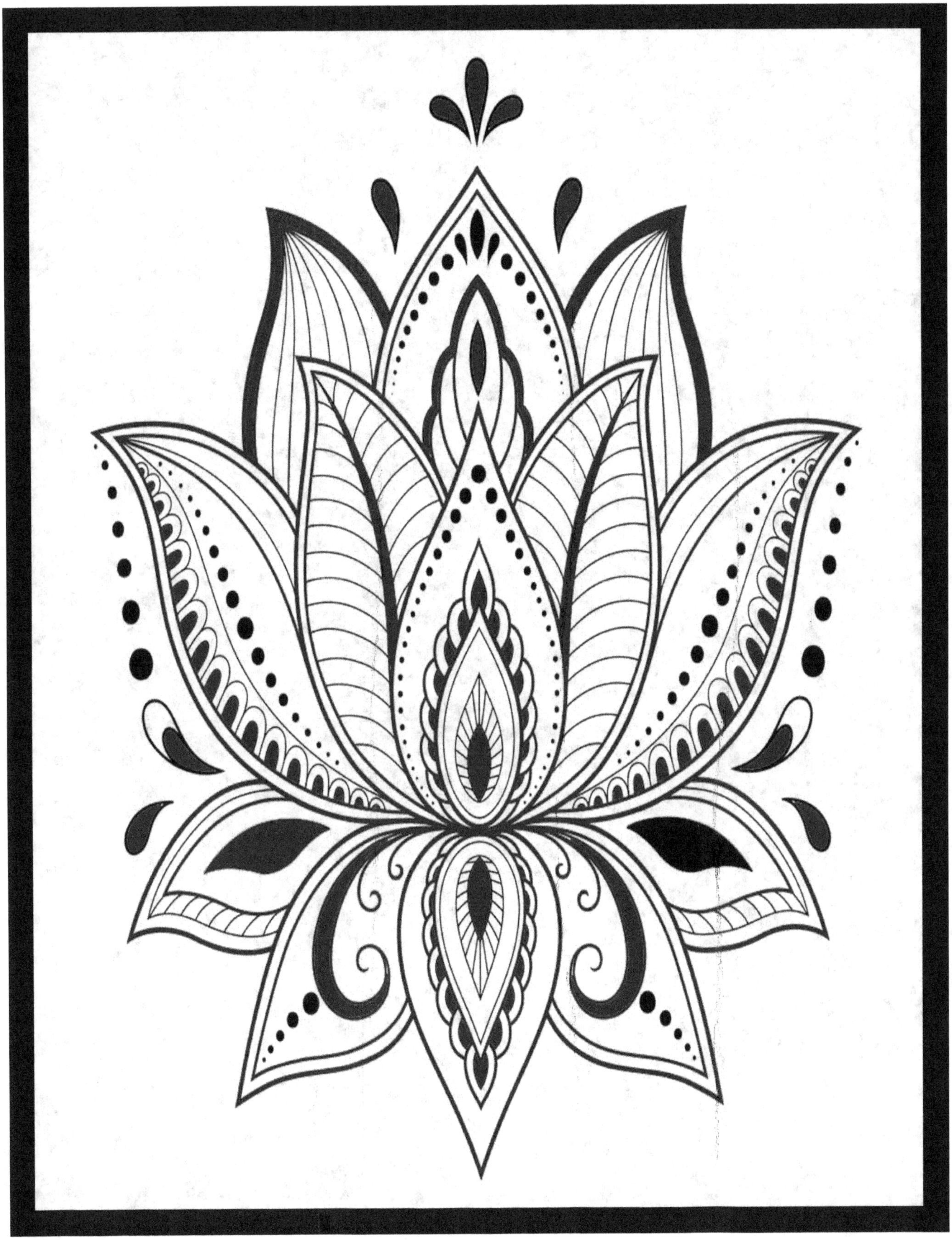

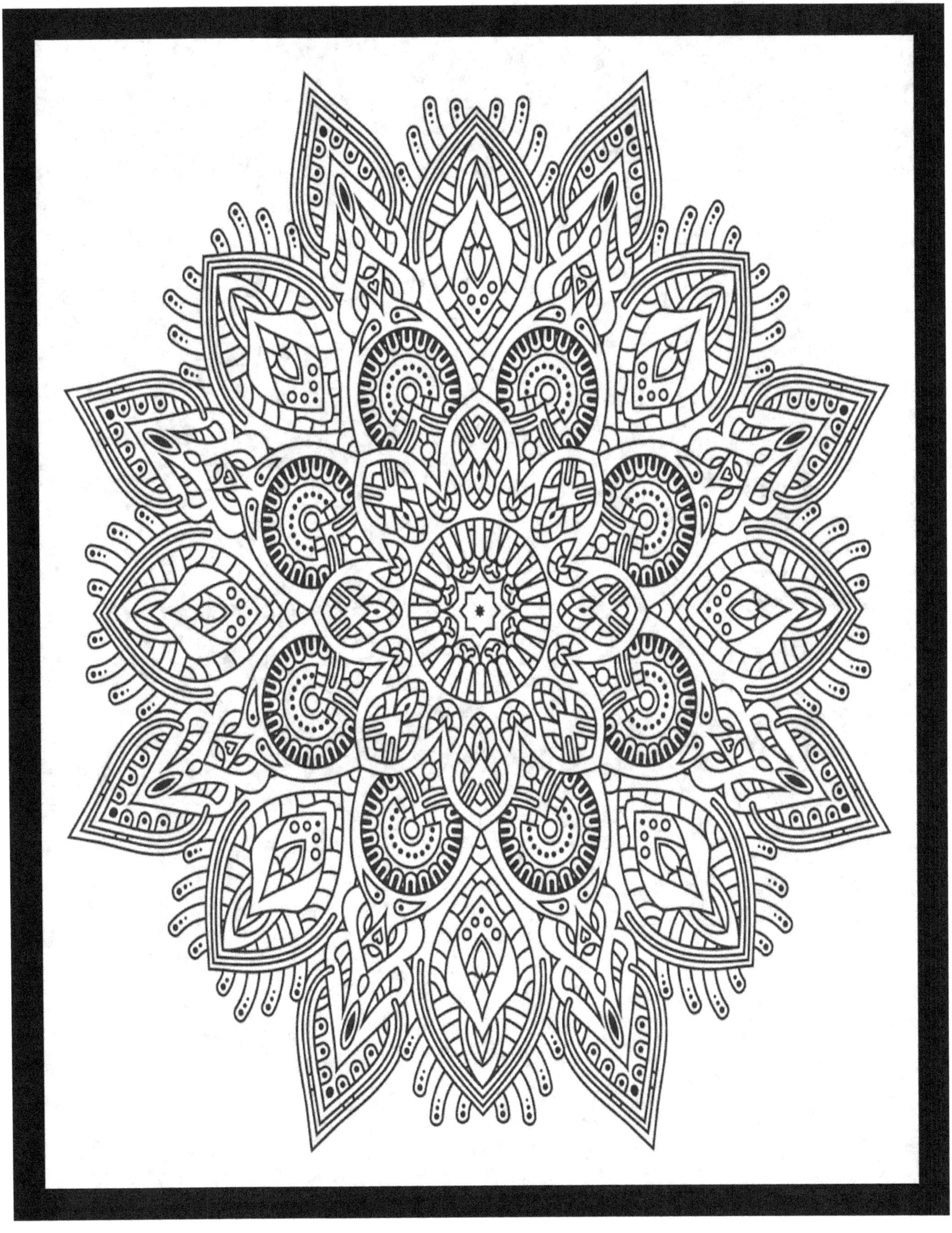

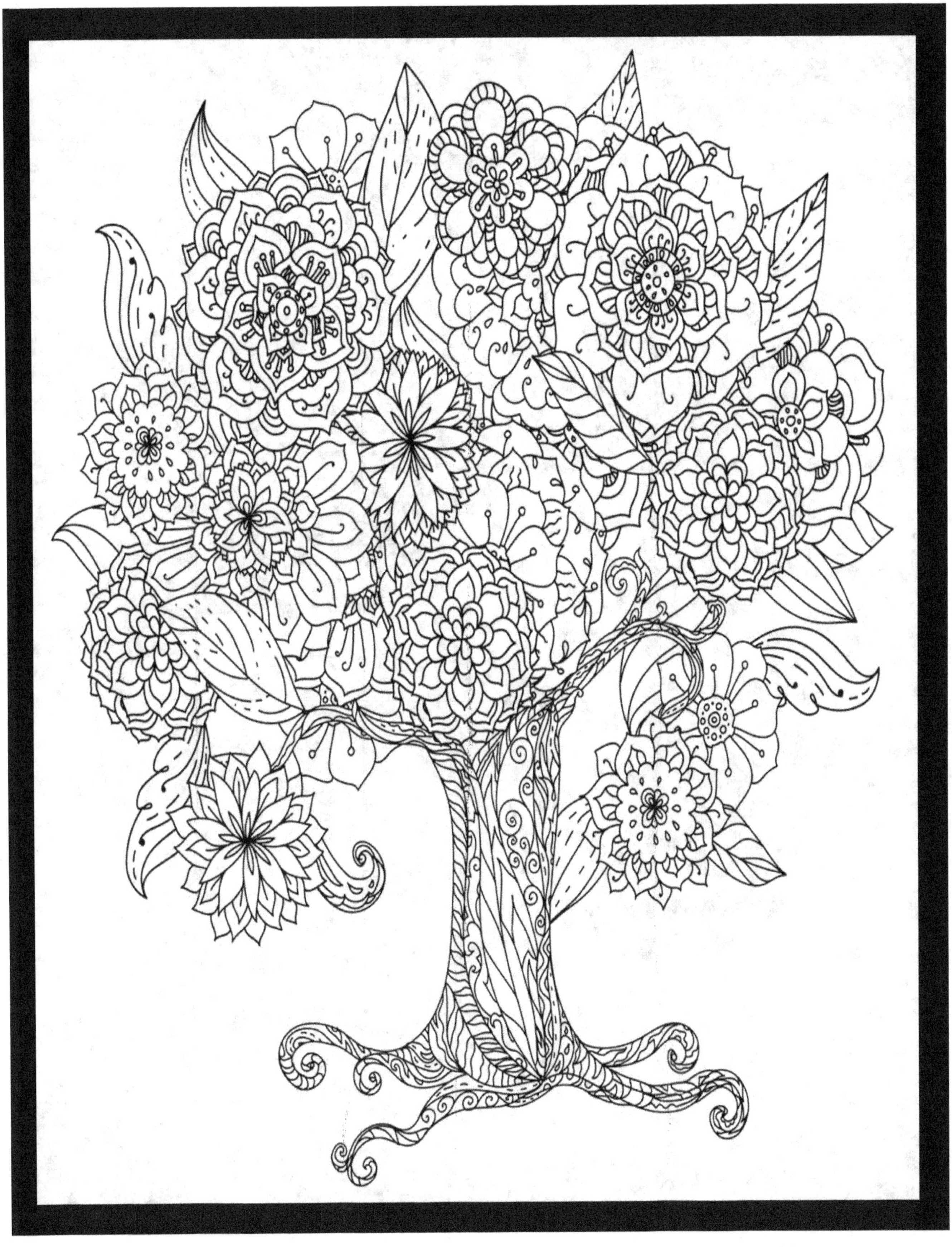

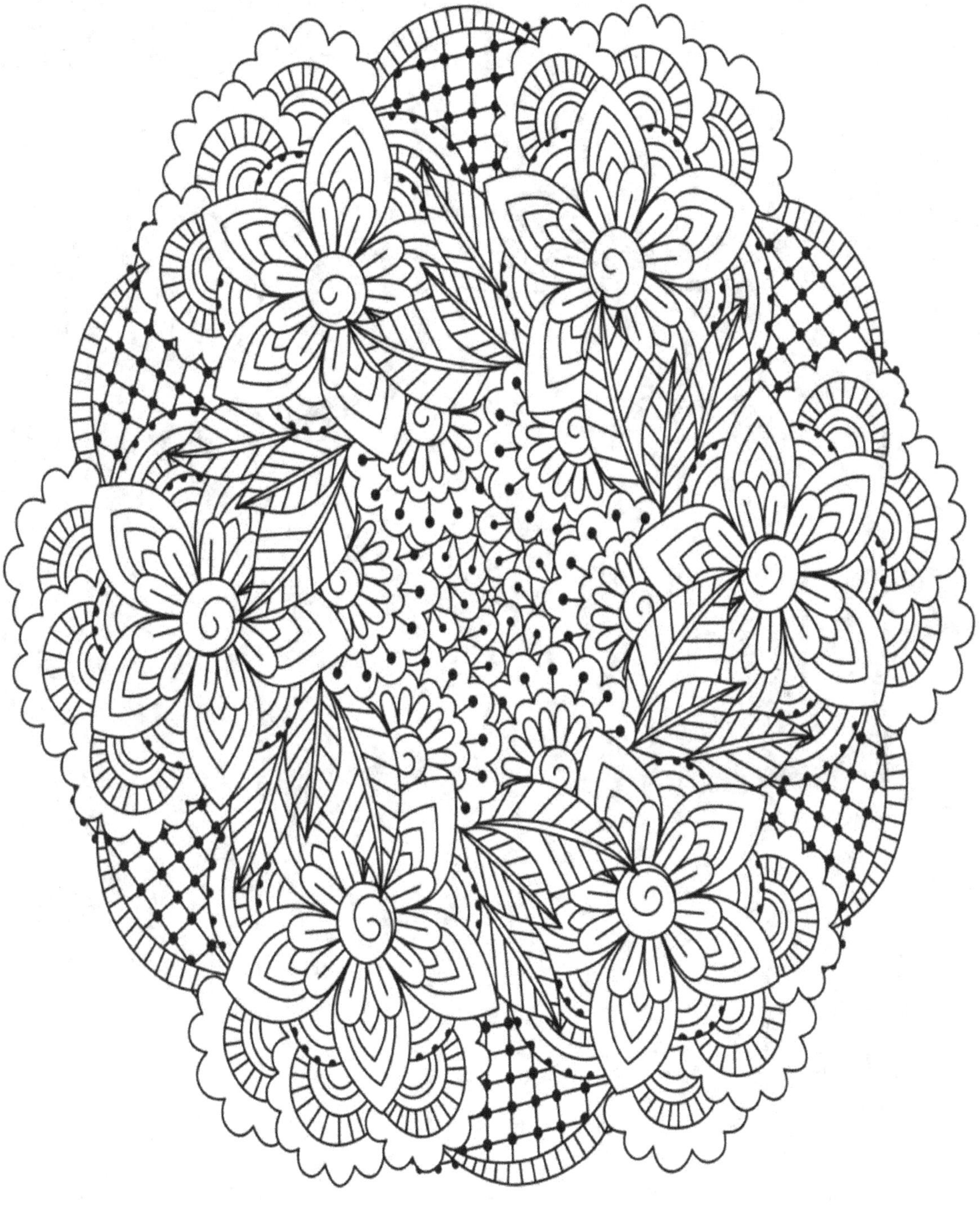

[redacted]

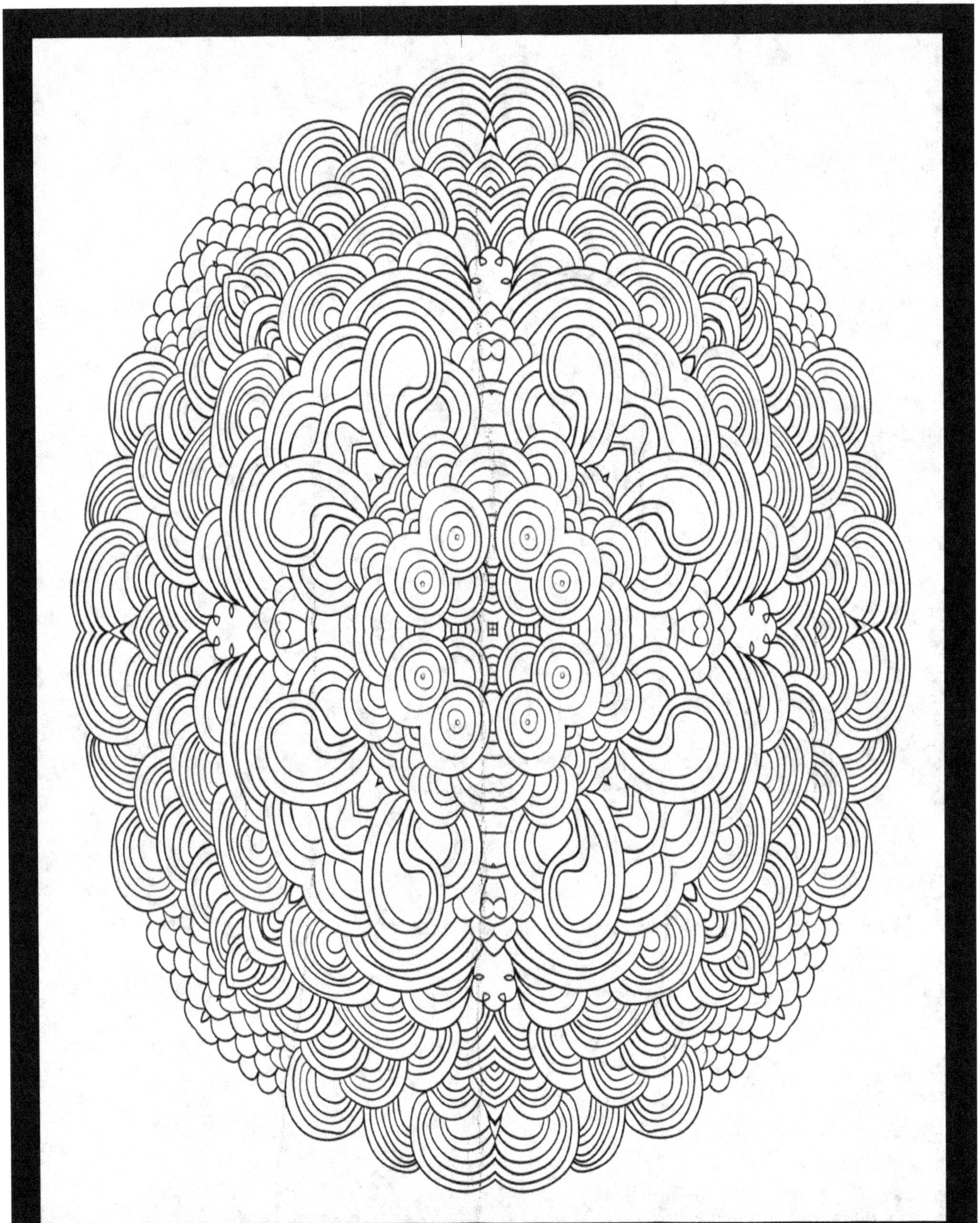

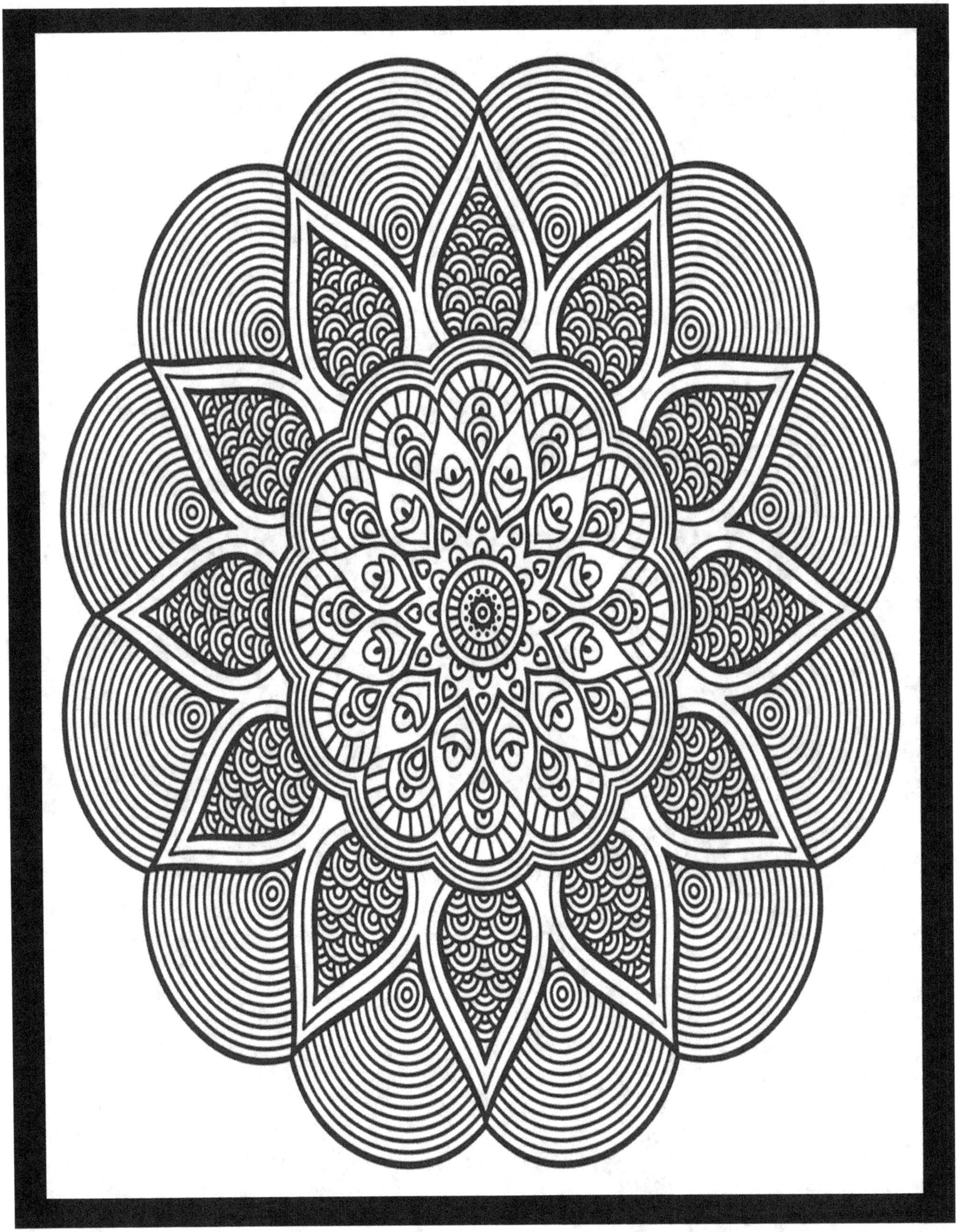

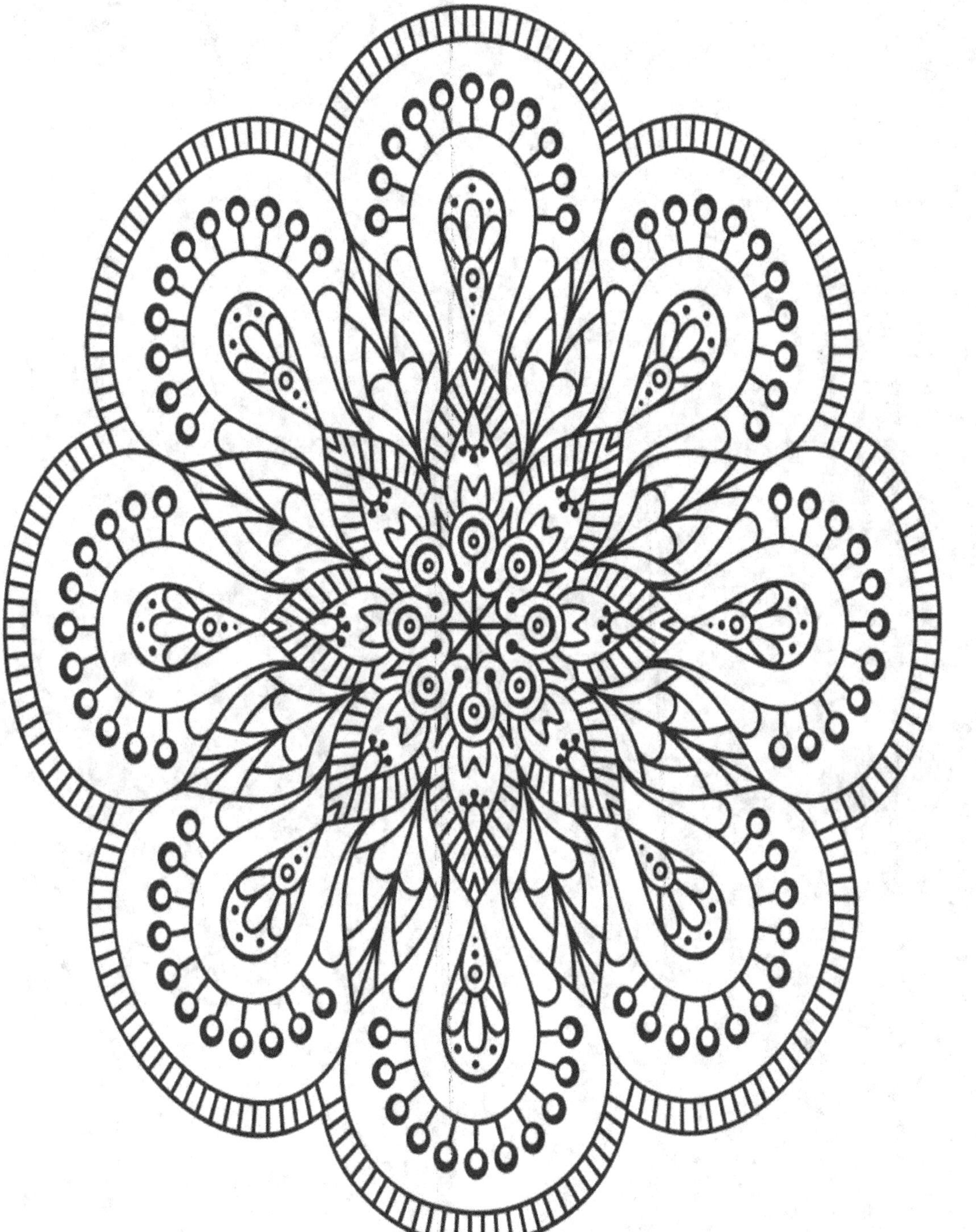

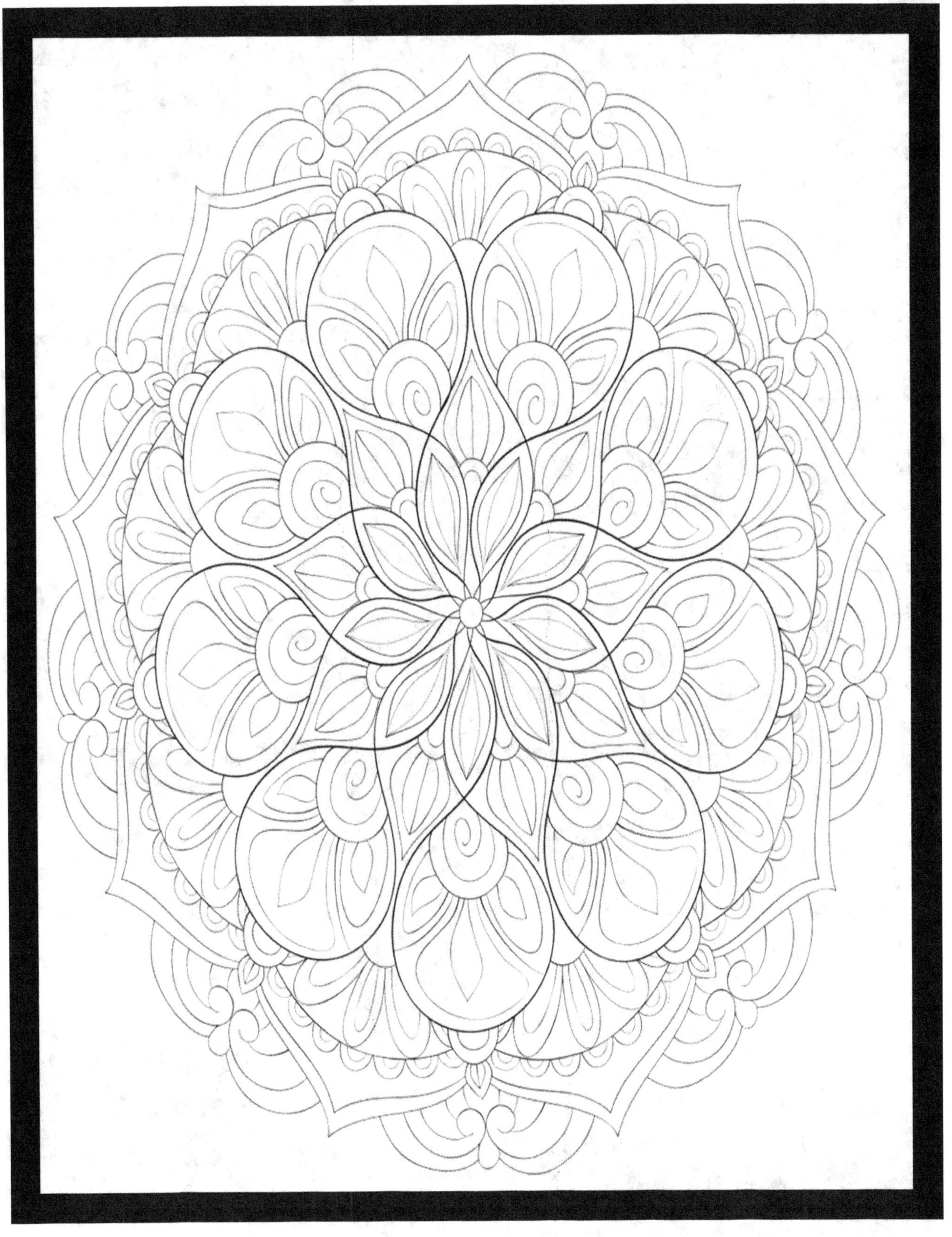

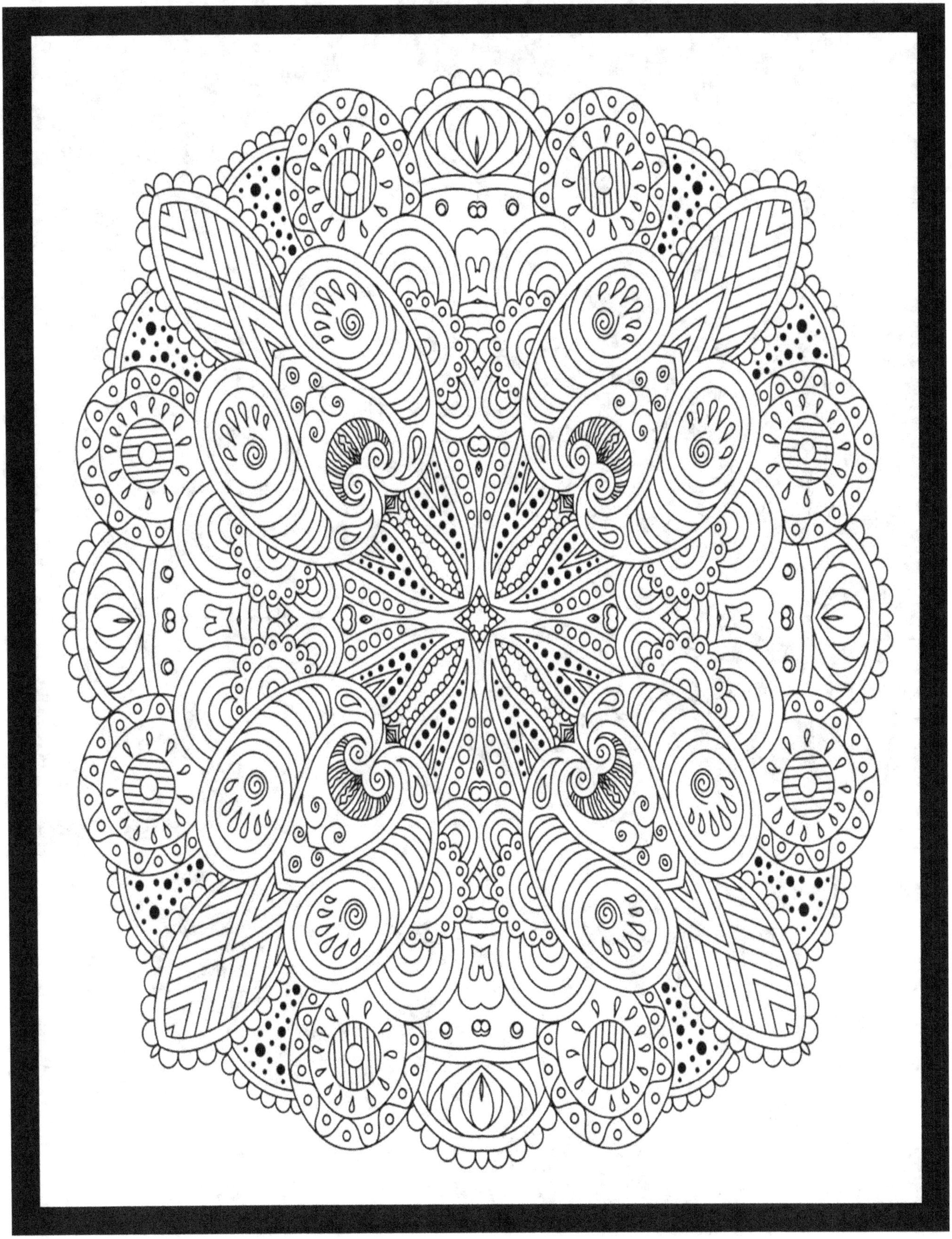

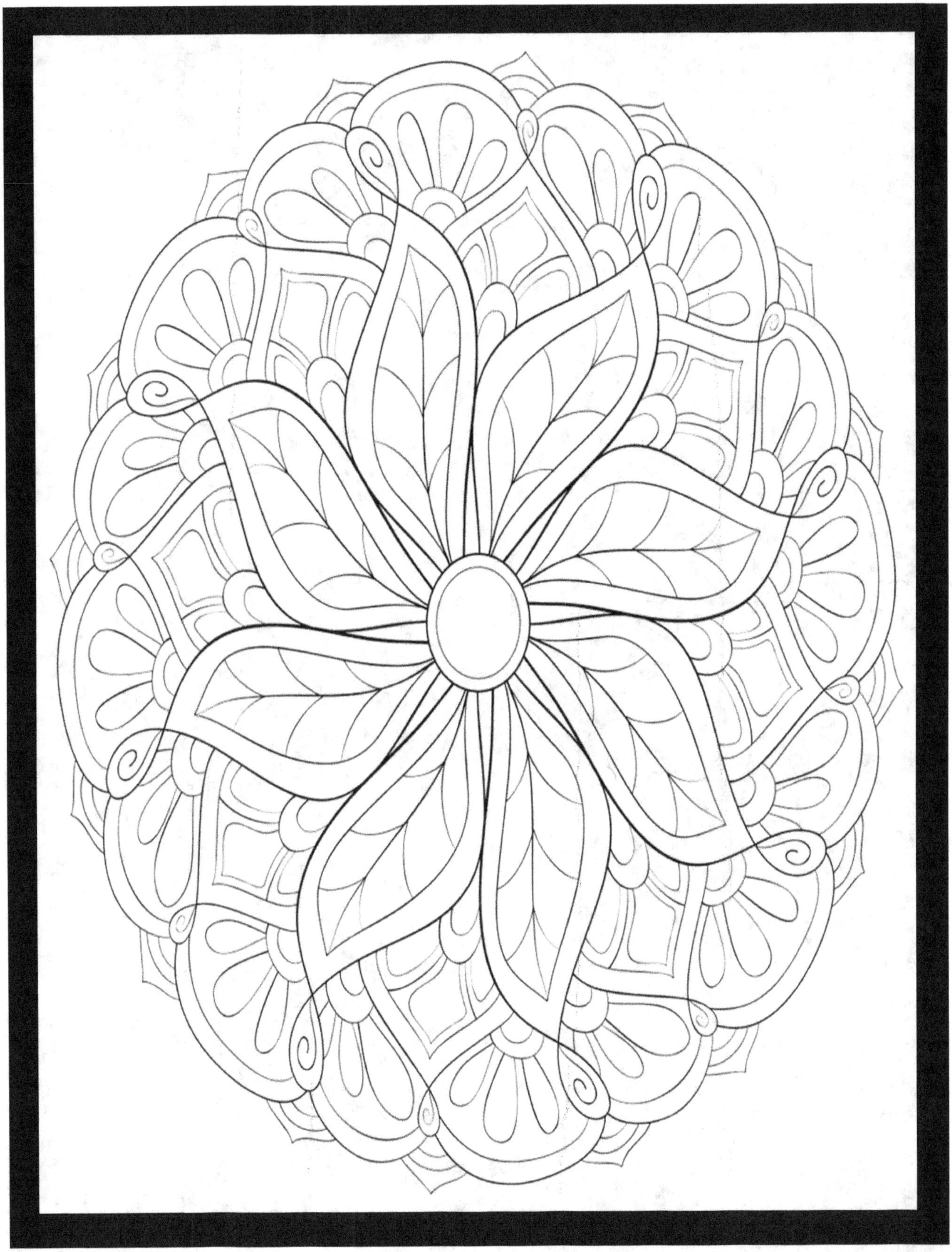

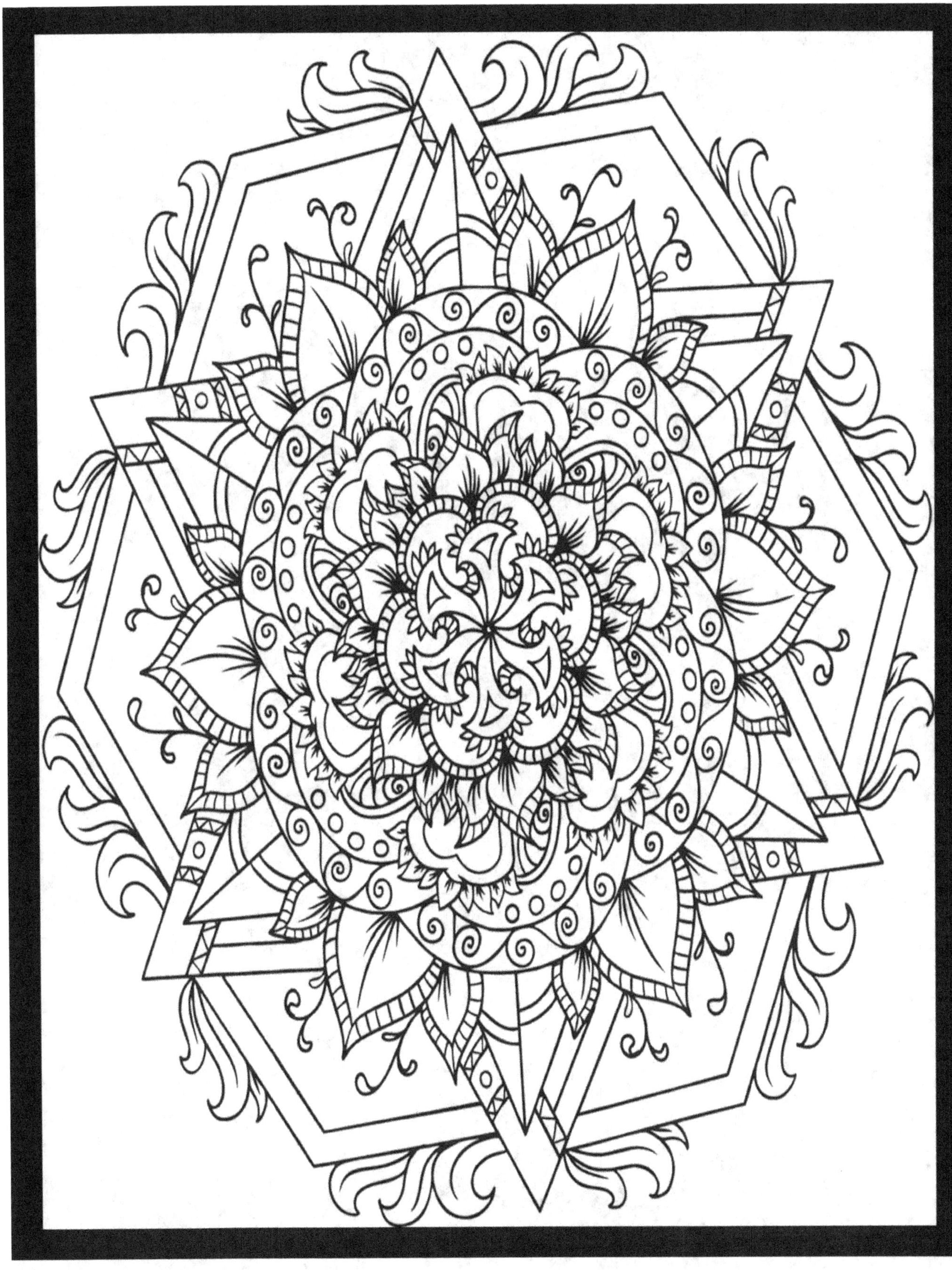

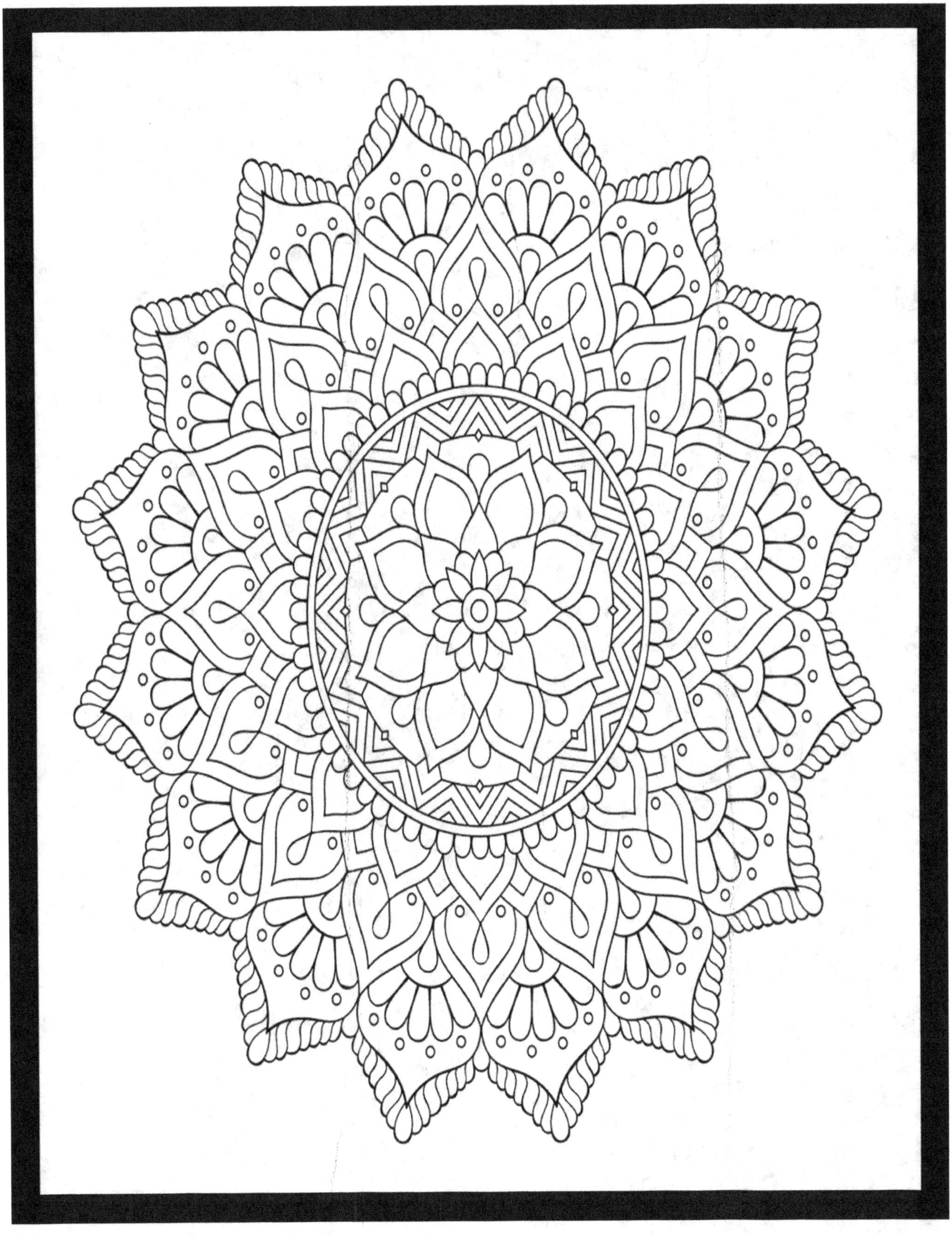

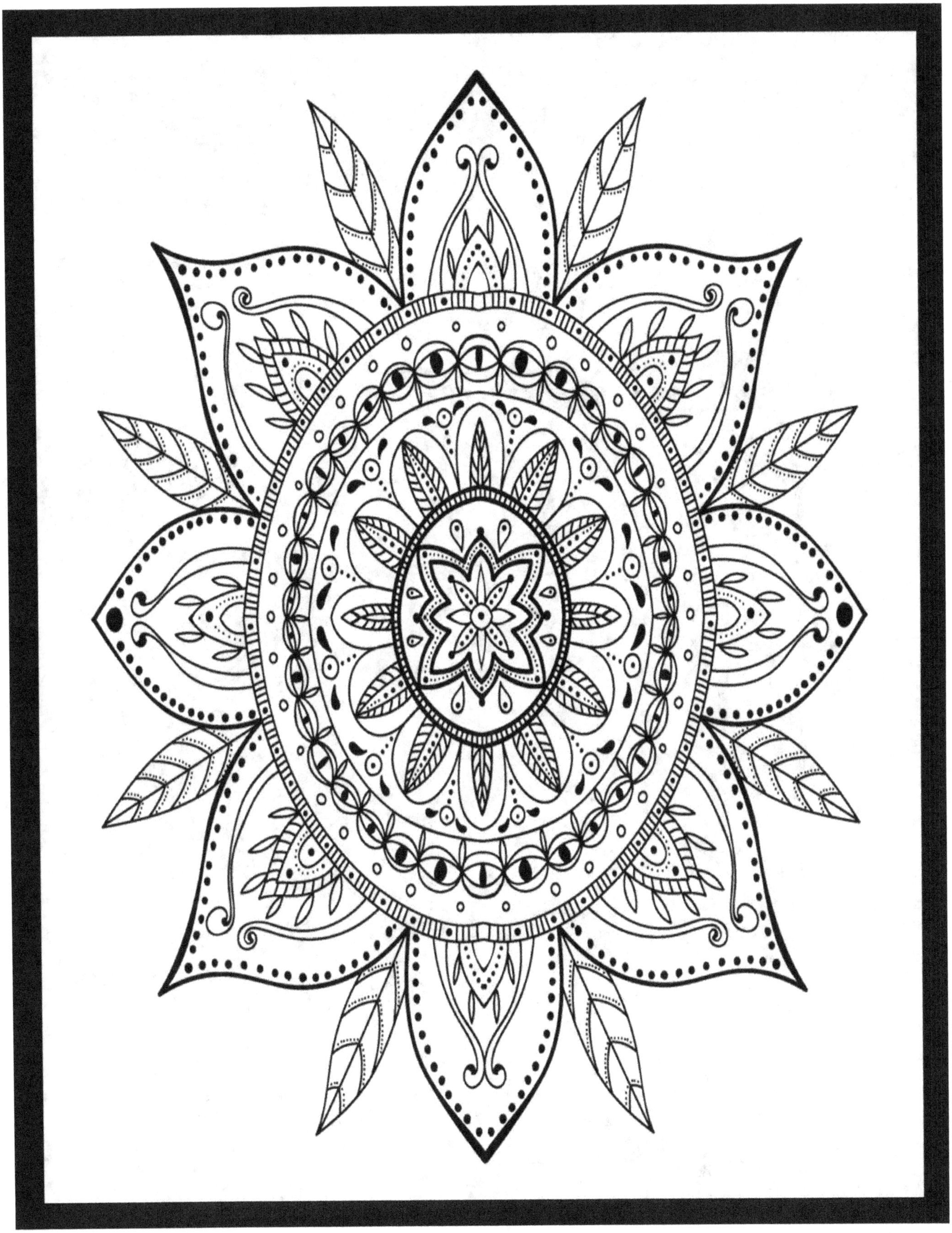

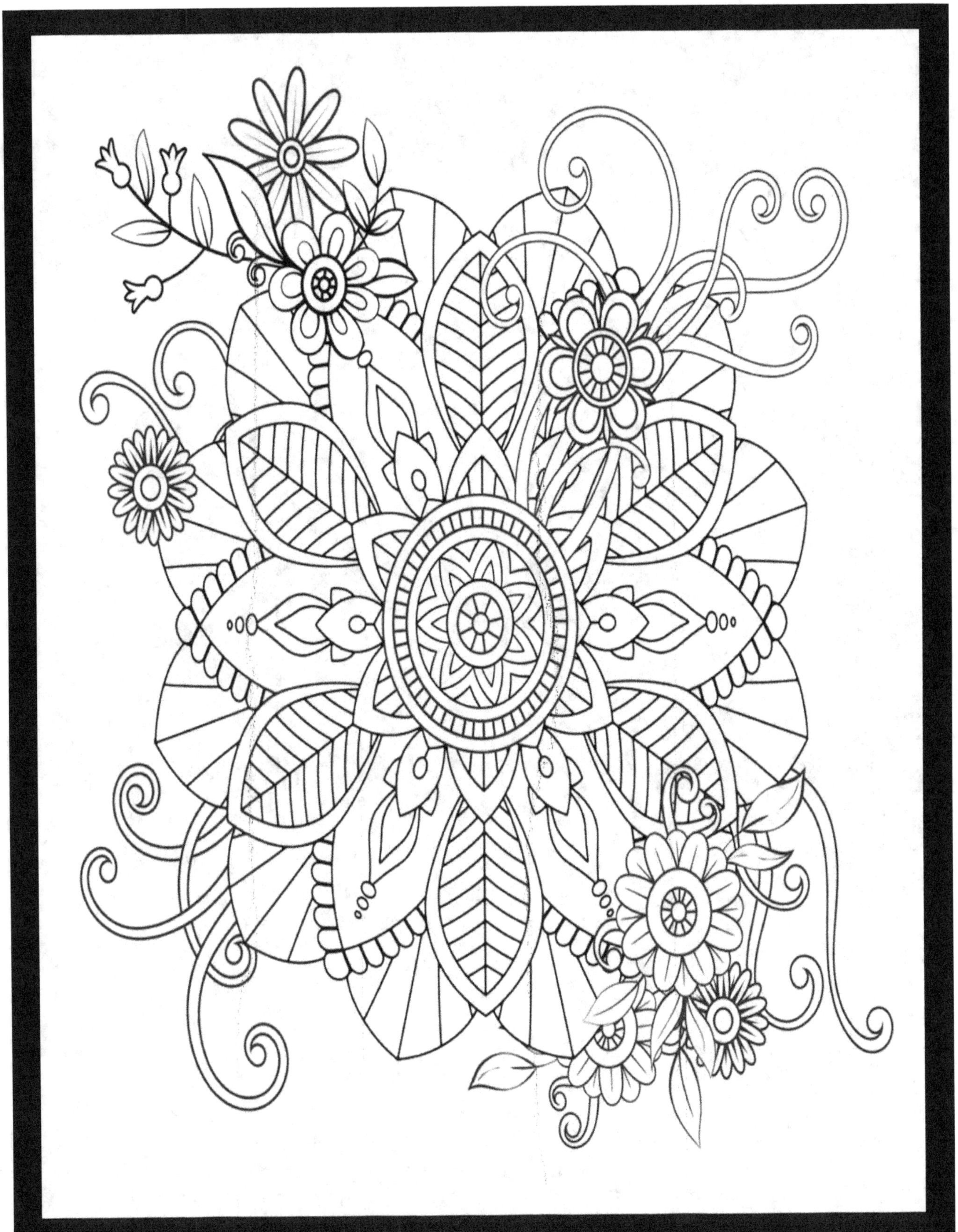

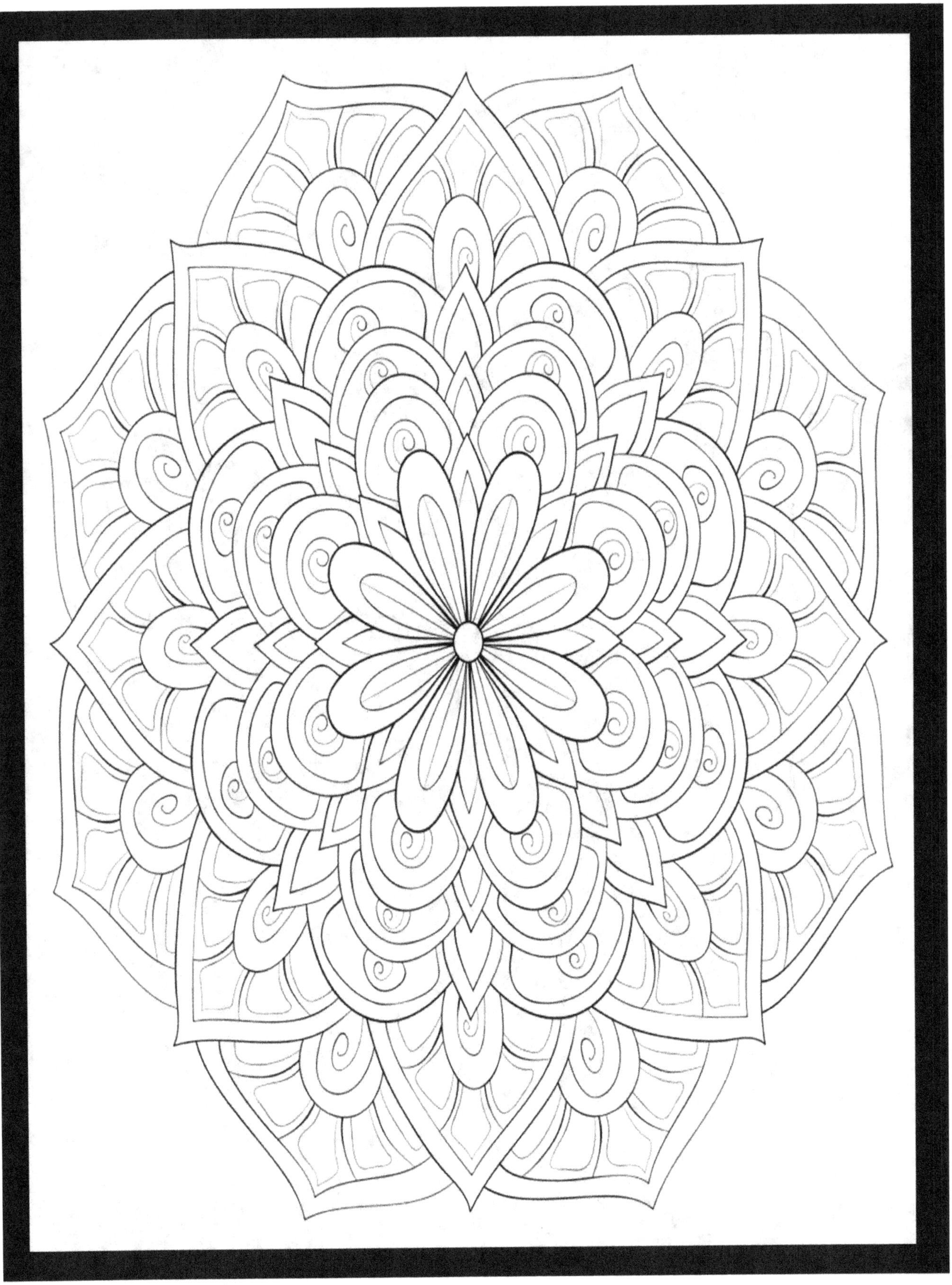

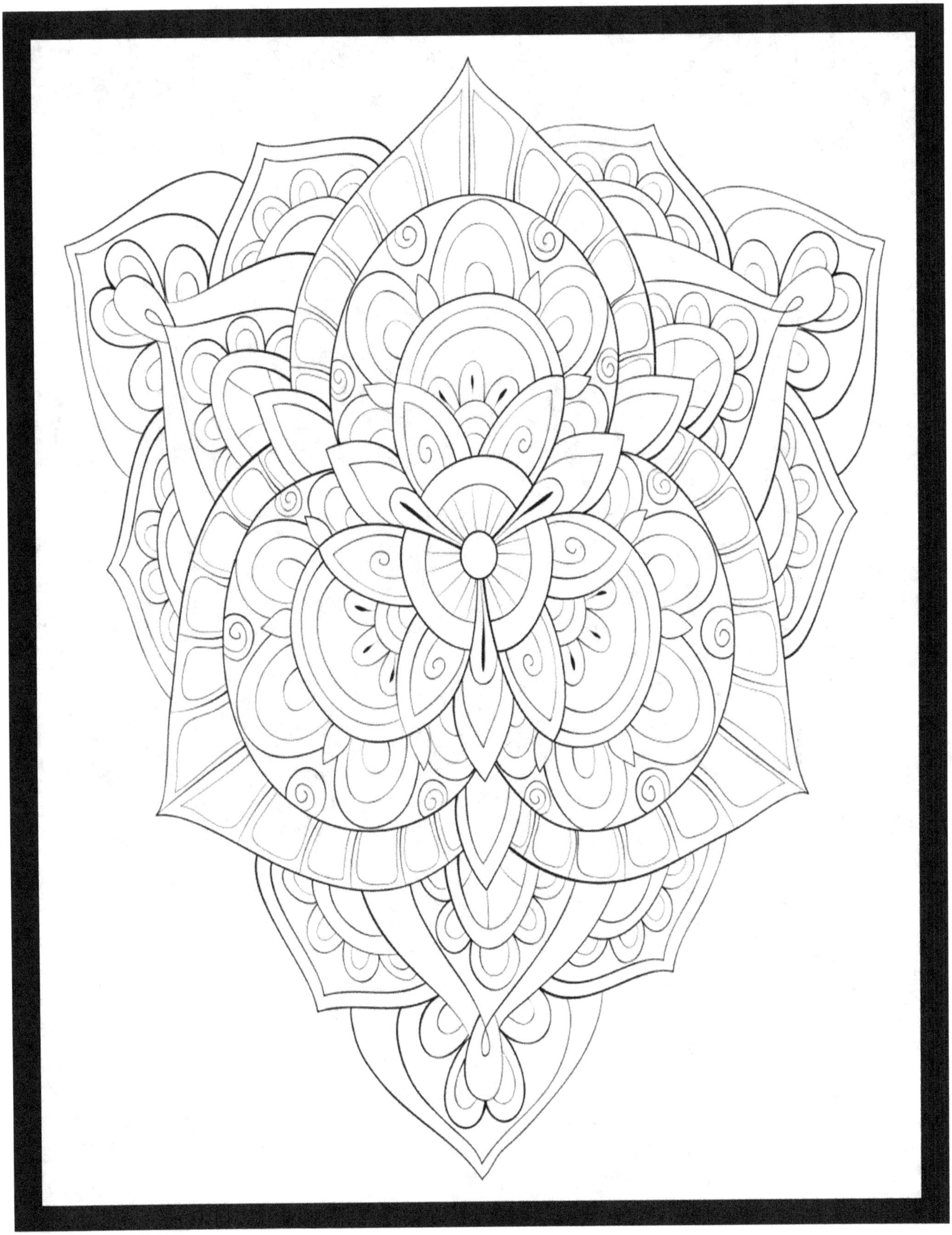

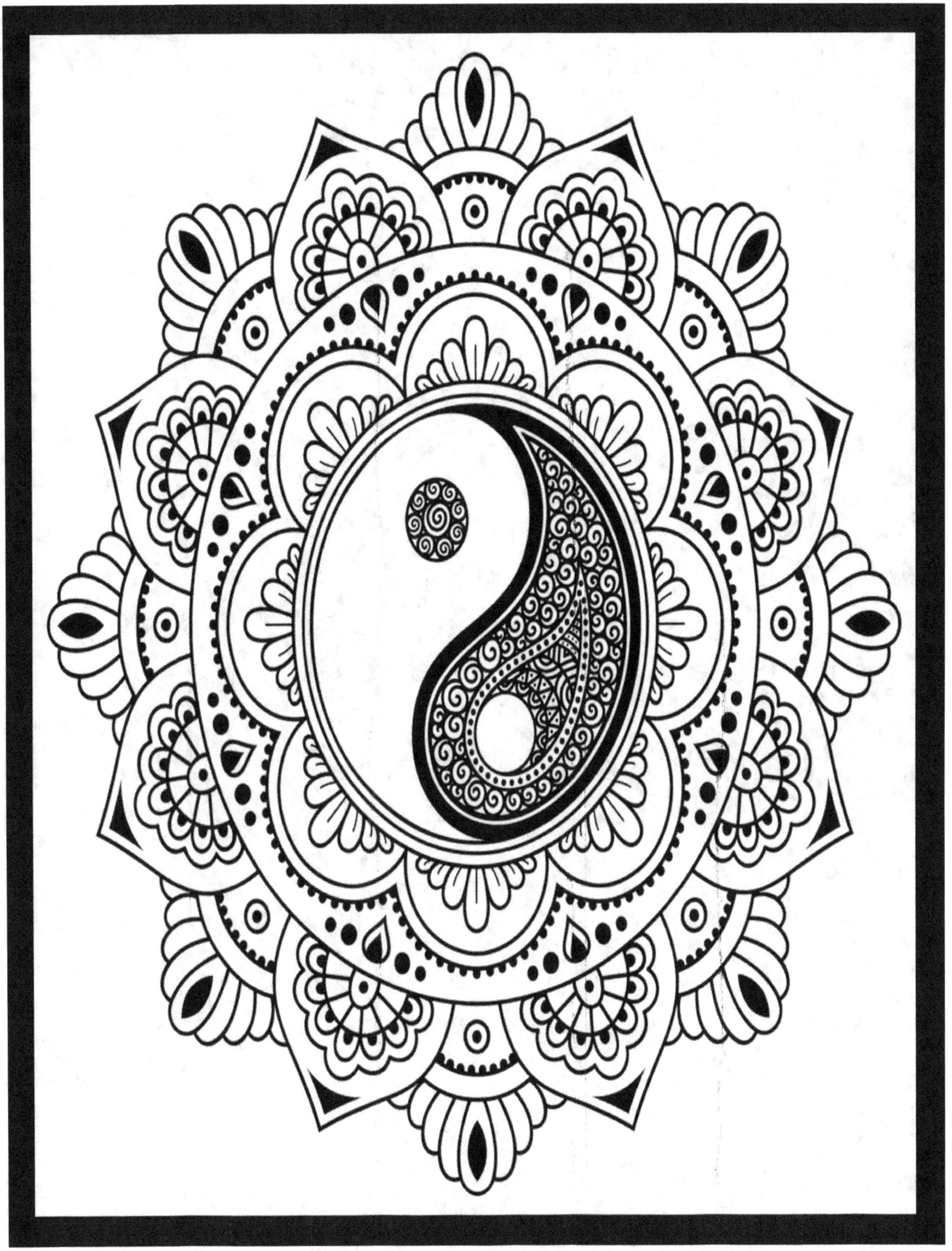

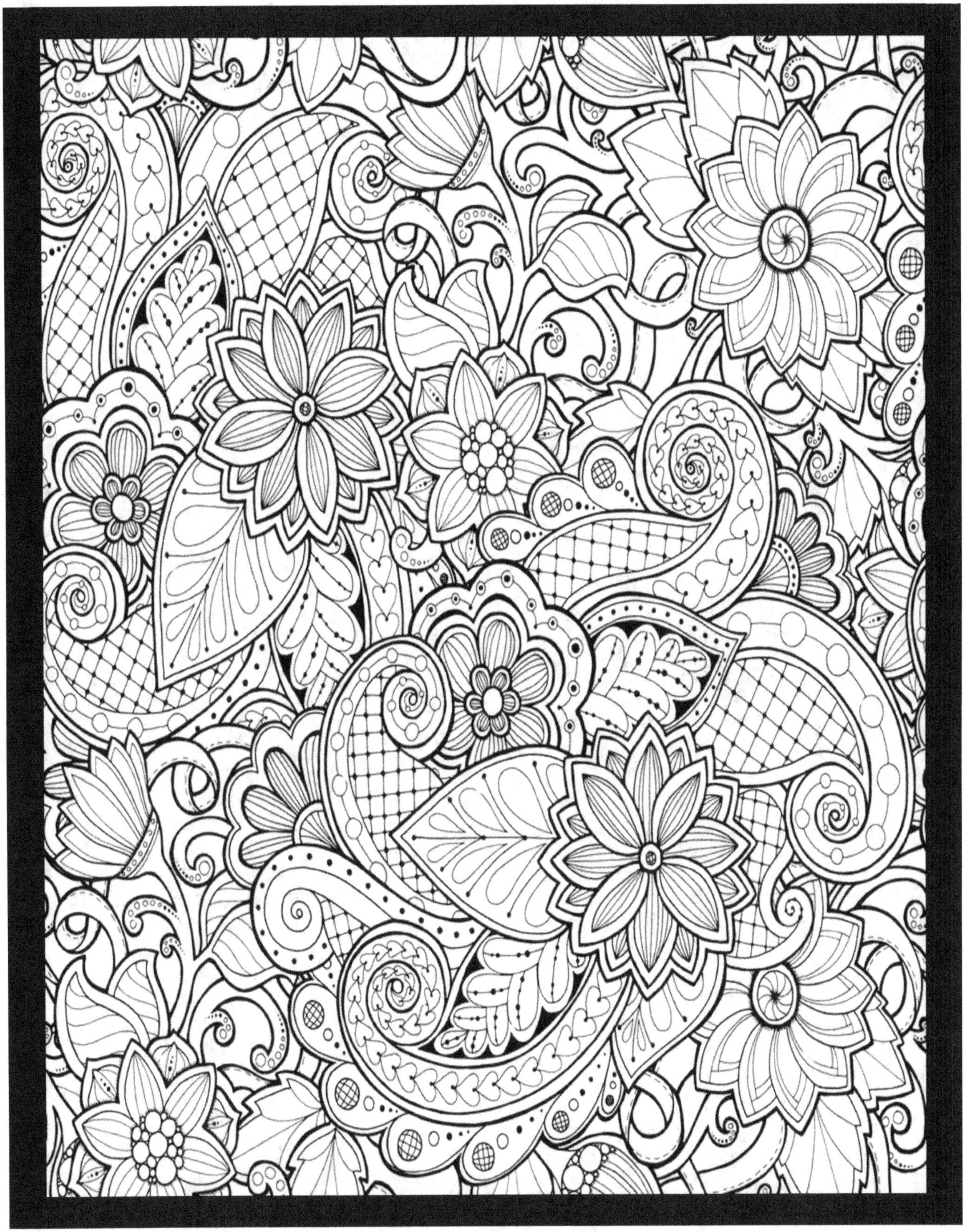

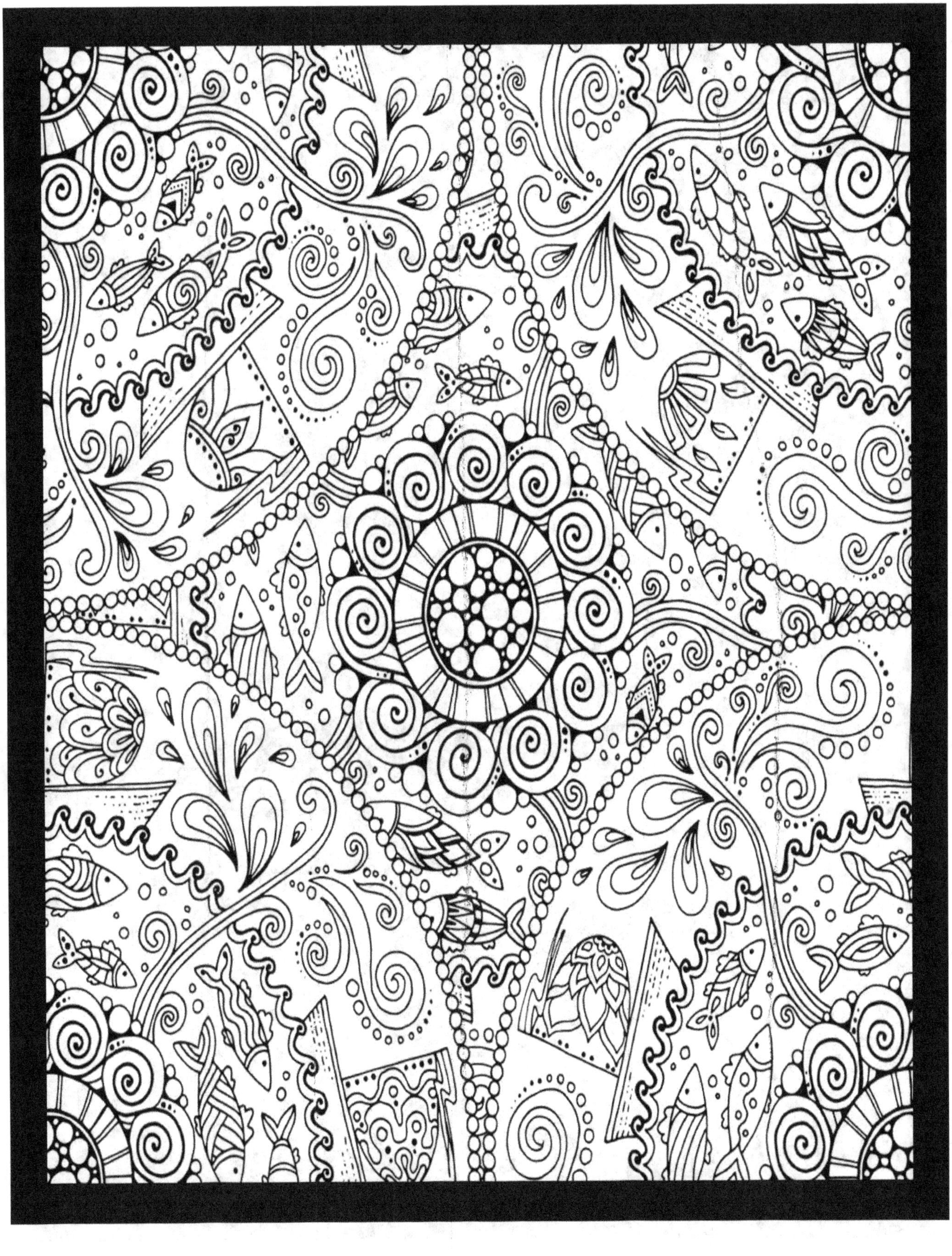

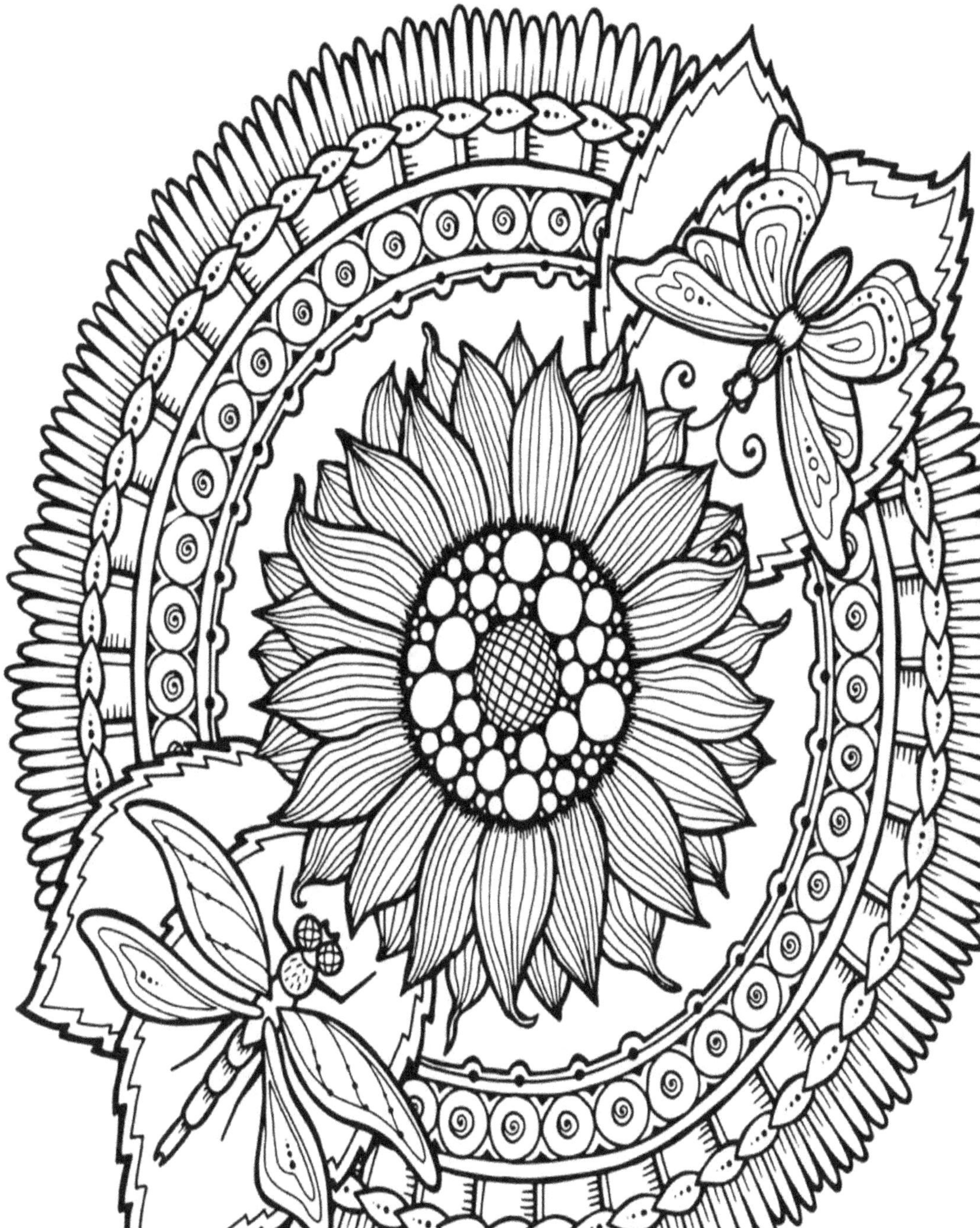

www.ingramcontent.com/pod-product-compliance
Lightning Source LLC
Chambersburg PA
CBHW080506220526
45465CB00006B/2389